KB269300

내가 꿈꾸는 내가 될게

내가 꿈꾸는 내가 될게

★ 정나래 지음

일러두기

- 국립국어원 표기 원칙에 따르되, 이미 널리 통용되는 표현이나 저자 고유의
  글맛을 살리는 경우 그대로 표기하였습니다.
- 저자가 독일 합창단 아이들과 수업하며 나누었던 특별한 메시지는
  그 생생함을 살리고자 한국어와 독일어로 함께 담았습니다.

나는,
멀리 가 보기로
했다

*

"정나래, 너 정말 웃긴다."

"야, 뭐 벌써 대학 합격이라도 했어?"

"얘들아, 나래 교과서랑 휴대폰에 적어 놓은 것 좀 봐.

네가 서울에 있는 대학을 간다고? 그것도 SKY를?"

"제발 좀 현실적이어라! 네 성적에, 네 실력에,

네가 인서울 하면 내 손에 장 지진다!"

고3 시절, 이루지 못할 꿈이라며

비웃는 친구들도 많았지만,

나는 부끄러워하지 않았고 신경 쓰지도 않았다.

그 누구도 나보다 더 나의 성공을 바라는 사람은
없을 것이기 때문이었다. 나는 스스로
내 꿈을 정하고 응원했다.

*

"나래야, 유학 절대로 가지 마!
지금 너처럼 동요 선생님으로 자리 잡아서 서울에서
레슨을 하고 돈 많이 버는 것도 운이 좋은 거야."
"너 유학 가면 다 성공하는 줄 아니?
유학 다녀와도 자리 잡기가 힘든 게 요즘 현실이야."
"부모님도 지방에서 형편이 어려우시다면서,
너 학자금 대출도 있다면서,
그냥 지금처럼 살면서 더 자리를 잡아 가렴.
다 널 위해서 하는 말이야."

주변 어른들이 나를 진심으로 걱정해서 하신 말씀이었지만,
나는 초등학교 때부터 외국에서
활동하고 싶다는 꿈을 꾸었다.
나를 위하는 조언을 듣는 동안에도 이미 내 영혼은

독일이라는 땅에 가 있었다. 꿈이 있다면 그 꿈을 위해

도전해 봐야지, 하는 생각이 늘 자리 잡았다.

이런 나에게 엄마가 늘 해 준 말이 있다.

"나래야. 조금 조금 빚 갚지 마라.

쬐끔씩 돈 모아 봤자 얼마 되겠노.

열심히 공부하고 미래를 위해 도전하고,

지금의 너한테 투자해서 몇 년 뒤에

한 번에 빚 갚는 사람이 되어라.

나눠서 갚지 말고, 한 번에 갚는다 생각하고

네 가치를 올려라.

엄마도, 할 수 있는 것은 다 해 줄게."

*

그렇게 나는,

멀리 보기로 했다.

미래의 내 가치를 올리기 위해 도전하기로 했다.

끊임없이 배우는 데 힘쓰기로 했다.

지금 도전하지 않고, 배움을 위해 투자하지 않으면

나는 5년 후, 10년 후, 20년 후에도

내가 앉아 보고 싶은 자리에 절대로 가지 못할 거야.

물론 안 될 수도 있지만, 될 수도 있잖아.

아무도 모르는 거잖아.

이왕 시작할 거면 1퍼센트의 의심도 없이

나의 100퍼센트, 아니 200퍼센트를 쏟아넣어 보자.

하고 싶은 것을 해 봐야 결과가 어떻든 후회가 없어.

*

2025년, 현재 나는 독일을 대표하는

청소년 합창단의 지휘자로 활동하고 있다.

전 유럽을 다니며 지휘자로 강연자로

여러 세미나 초청을 받는다.

독일과 한국의 음악, 문화 교류, 환경 등 여러 분야의

프로젝트들에 아이디어를 내며 활동하기도 한다.

분야와 상관없는 여러 다양한 프로젝트들을 해낸

경험을 바탕으로 앞으로 내가 꾸려 갈

프로젝트들을 믿고 응원해 주는 사람들이 많아졌지만,
사실 처음은 쉽지 않았다.

"야, 나래 네가 독일 합창단을 이끈다고?"
"네가 독일 아이들을 가르친다고?
거기에서 취직을 했다고?"
"독일 아이들이 너에게 한국 노래를 배운다고?
그걸로 독일 대회에 나간다고?"
"갑자기 환경 캠페인은 또 뭐야? 기획? 감독?"

많은 사람이 의구심을 던질 때마다,
인생의 내비게이션은 내가 직접 설정하는 것이라고
굳게 믿었다. 우리 모두는 분명 성공할 수 있는
자기만의 무한한 힘과 무한한 가능성을 가지고 있으니까.

그 마음을 씨앗 삼아 글을 쓰기 시작했다.
불확실한 미래 때문에 걱정하는 청소년과 청춘 들에게
꿈을 이루는 현장을 생생하게 상상하고
마음껏 도전해 보라고 말하고 싶다.

원하는 것을 간절하게 바라고 진심으로 꿈꿀 때,

우리는 자기도 모르는 사이에

원하는 삶에 한 걸음씩 다가가게 된다.

이 책을 읽는 모든 이들이 절망과 두려움 대신

희망과 긍정으로 삶의 가능성을 지휘할 수 있기를 바란다.

지금부터 여러분과 함께

마법 같은 생각들을 발견해 가고자 한다.

생각이 바뀌면 말이 바뀌고,
말이 바뀌면 삶의 태도가 달라집니다.

그 작은 변화들이 모여,
당신의 꿈과 닮은 빛나는 세상으로 이끌 것입니다.

긍정의 힘으로 마음을 채우세요.
매일 아침 목표를 떠올리고,
작은 계획을 세워 한 걸음씩 실천해 나가세요.

어제보다 오늘 조금 더 성장하고,
조금씩 자신을 단단하게 만드는 그 과정이
결국 당신을 원하는 미래로 다가가게 할 거예요.

당신의 꿈을 진심으로 응원합니다.
당신은 반드시 빛날 거예요.

행운을 빌어요!
Viel Glück!

— 1장 —

괜찮아, 흔들릴수록 앞으로 나아가는 거야

2장

늦은 시기란 없어,
각자의 속도가 있을 뿐이야

그쪽이 아니면 저쪽으로,
너의 답을 찾아가

괜찮아,
흔들릴수록 앞으로
나아가는 거야

잘될 것이라는 암시

﹡

우연히 신문을 펼치다가 '자기암시'에 관해 실험한

과학 기사를 보게 되었다.

독일 뇌과학자이자 정신과 전문의인

헨릭 월터 의대 교수가 연구팀과 실험을 해 보니

스스로 최면을 걸듯, 자기암시를 하면

정말로 나를 바꾸는

긍정의 힘이 생긴다는 내용이었다.

미국의 바우 마이스터 교수는 또한 이런 말을 했다.

강한 의지는 타고나는 것이 아니라

운동선수가 근육을 기르듯 훈련을 통해

만들어지는 것이라고. 자기암시를 반복적으로 한 사람은

그렇지 않은 사람보다 습관을 고치거나

목표를 이루는 데 많은 도움을 받는다고.

사실 나는 내면적으로 약한 사람이었다.

하지만 지나고 보니 어렸을 때부터 할머니에게

긍정적 사고와 자기암시를 훈련받은 셈이었다.

"나래야. 너는 강하단다."

"나래야, 너는 세계로 나가서 활동하게 될 거야."

"나래 너는 늘 긍정적이다. 뭐든 할 수 있는 사람이지."

할머니의 굳건한 믿음과 응원 덕분에,

나는 어떤 어려움도 이겨 낼 수 있는 내면의 강인함을

기를 수 있었다. 원하는 소원을 강하게 바라고

입 밖으로 내뱉다 보면 이것이 자기암시 효과를

발휘하게 되는 것을 여러 차례 경험했다.

말의 힘은 생각하는 것보다 강해서,

자신을 향해 긍정적으로 선언하는 말은

강하게 우리를 긍정성으로 끌어당긴다.

이것이 자기암시이다.

한국이든 독일이든, 요즘 아이들에게 물어보면
꿈이 없는 친구들이 많다. 또, 꿈이 자주 바뀌기도 한다.
충분히 그럴 수 있다. 나도 성악가를 꿈꾸다가
지휘자의 꿈을 꾸었으니까.
지금은 독일에서 지휘자로 활동하지만
더 나아가, 전 세계적으로 어린이와 청소년을 위한
합창지휘 분야에 큰 획을 긋고 싶다는 꿈을 꾼다.
또한 기회가 닿으면 언젠가 자기계발 강연자가
되고 싶다는 생각도 한다.

이 책을 읽는 이들 모두, 꿈을 가지면 좋겠다.
현실에 맞는 꿈이 아닌 정말 자신이 하고 싶은 것에 대해
생각하고 질문하도록 이끌고 싶다.
지금 당신이 원하는 당신의 모습을 머릿속으로 그려 보기를.
그 꿈을 눈에 보이는 곳에 써 놓고 날마다 소리 내어
이야기해도 괜찮다. 그게 무엇이든, 거창하지 않아도 된다.
작고 소박하게 오늘부터 시작!

시간의 축적

왕복 여덟 시간.

학창 시절, 한 시간 성악 수업을 받기 위해 매주 토요일마다
진주에서 서울로 고속버스를 타고 올라왔다.
하지만 버스에서 보낸 왕복 8시간은 결코 길지 않았다.
꿈의 씨앗을 심고 희망의 햇빛을 주는 시간이었다.

물론 수업을 받고 생각보다 실력이 늘지 않아서
속상하고 힘들었던 날도 많았다.
서울에서 출전한 대회에서 떨어졌을 때는
집으로 돌아가는 내내 눈물이 앞을 가리기도 했다.
밥값을 아껴 보려고 집에서 맨밥에 매운 멸치를
도시락으로 싸 와서 버스에서 몰래 먹었던 기억도 있다.

맨밥에 멸치뿐이지만, 어찌 그리 맛있었는지…….
한번은 선생님께 전달할 레슨비가 없어서
아프다고 거짓말 하고 수업을 빠지기도 했다.
그런 상황이 싫었던 엄마와 아빠는 다툼을 반복하고,
나는 그만 또 울어 버리고…….

＊

하지만 지금 생각해 보면 '없었던 그 시절'이
내게는 축복이었다. 우여곡절이 있었기에
혼자 공부하는 법을 배웠다.
한 주에 '한 시간'뿐인 그 수업이 귀하고 또 귀해서
더욱 열심히 임했다.

만약 레슨비가 넉넉했다면 어땠을까?
고생 없이 그냥 주어졌다면 그 모든 게
당연하게 여겨졌을까?

그때의 나에겐 당연한 게 아무것도 없었다.
모든 게 귀중했다. '없음'도 지나고 보니 복임을 느낀다.

상황이 힘들었기에 소중함을 배울 수 있었고,

마음이 아팠기에 상처를 돌보고 더 단단히 회복할 수 있었다.

그때 그 시간들은 나를 더 열심히 뛰게 하는

원동력으로 내 안에 쌓였다.

꿈과 망상의 차이

꿈은 행동하는 것.

망상은 행동 없이 꿈만 꾸는 것.

실패라는 말도,

꿈이 행동으로 이어졌을 때 얻을 수 있는 귀한 깨달음이다.

행동 없는 꿈은 망상일 뿐이다.

우리, 꿈꾸었으면

온마음으로, 온몸으로 행동하자.

도전은 언제나
실패가 따라오는 법

성공은 쉽게 오지 않는다.

언제나 실패와 고뇌가 전제되기 마련이다.

간절히 모든 것을 쏟았는데도 실패했다면

먼 훗날, 이 실패가 성공의 발판이 될 것이다.

닮고 싶은 사람을
떠올리자

닮고 싶은 사람을 자주 떠올리며 시각화하면,

어느새 그 사람을 조금씩 닮아 가는 자신을 느낄 수 있다.

유연하고 너그러운 태도로 살아가는 나.

쉽게 포기하지 않는 나.

다른 사람들과 무난하게 잘 지내는 나.

기분에 따라 말과 행동이 변덕스럽지 않는 나.

건강한 음식을 먹고 싶은 나.

나는 '왜' 그 사람을 닮고 싶은지,

그 사람의 '어디'가 좋아 보이는지,

찬찬히 생각하다 보면 '나'에게 초점이 맞춰진다.

내가 되고 싶은 나.

지금의 나와 앞으로의 나를 연결하는 고리를
매끄럽게 이어 가면, 있는 그대로의 내 모습을
지지할 수 있다.

내가 되어 가는 나.

나는 오늘, 나로 살아간다.
나는 내일, 나로 나아갈 것이다.

'간절함'이라는 세계

＊

모든 게 잘못되었다는 생각을 했던 적이 있다.

나만 안 풀리고, 이미 내 인생이 망한 것 같다는 생각에

젖어 있었다.

＊

아직 스무 살도 되지 않았던 고등학생 시절,

계획대로 되지 않는 현실에 좌절하여

열패감에 빠졌던 나였다.

서울에서 출전한 성악 대회에서 떨어지고 일주일 동안

밥도 먹지 않고 방 안에 누워만 있었다.

평소와 똑같이 노래를 잘 불렀고,

열심히 레슨받고 연습했는데도 예선도 통과하지 못한

현실을 받아들일 수 없었다.

대체 뭐가 잘못된 걸까 고민하며 몇 날 며칠을

어둠 속에 갇혀 있다가 오뚝이처럼 벌떡 일어났다.

처음부터 다시 공부하고 새롭게 마음가짐을 다지기로 했다.

특별한 계기나 의지가 있어서가 아니었다.

그냥 다시.

그냥 처음부터 다시 시작하면 될 일이니까.

나의 장점은 힘든 환경에서도 오뚝이처럼

빨리 일어나는 것이다.

부정적인 생각은 몸과 마음에 들러붙는 속성이 있지만

그럴수록 빨리 잊어버릴 수 있어야 한다.

부정적인 생각일수록 강하고 진하게 스며 들기에

긍정의 약효를 기억해 내야 한다.

긍정의 약효는 간절함에서 시작되는 것 같다.

험난하고 슬픈 현실에 머물지 않고

'지금보다 나은 일상'을 간절히 바라면

긍정의 기운이 맴돈다.

지나고 보니 인생에서 대학이 결코 다가 아니었고,

산 너머 산 중 '가장 작은' 산이었지만 간절함의 세계는

그때부터 나를 단단하게 만든 셈이었다.

목표를 기억하기

목표가 있더라도 금방 잊는 사람들이 많다.
정말로 까먹거나, 아니면 관심 밖으로 두게 되거나.

친한 사람들을 만나고 익숙한 현실과 마주하다 보면
자신이 세웠던 목표를 현실화하지 않고
흘러보내는 경우도 많다. 해 보지도 않고 말이다.
딱히 지금 사는 것도 나쁘진 않은데 굳이 힘들게
노력해야 하나, 싶은 생각이 막 피어 오르는
열정을 사그라지게 만들기도 한다.

목표를 잃지 않기 위해 꾸준히 상기하고
이미지로 시각화하는 습관이 중요하다.
뇌에는 해마라는 부위가 있다고 한다.

해마는 장기 기억으로 저장할지 말지를
결정하는 역할을 한다.
뇌의 해마를 잘 사용하면 장기 기억에 저장되고
우리의 목표가 흔들리지 않을 수 있다.

＊

그럼 어떻게 하면 뇌의 해마를
목표를 달성하기 위해 활용할 수 있을까?
앞서 말한 것처럼, 목표에 관한 이미지를
지속적으로 시각화하면 해마는 생존에 꼭 필요한
정보로 판단해 장기 기억으로 저장한다.

이미지를 시각화하면 장기 기억하기가 쉽다고 한다.
아직 미래가 막연하고 현실은 안갯속처럼 뿌옇기만 하다고
느껴진다면 지금 내 마음이 바라는 장면부터
이미지로 그려 보자. 파란 하늘, 달콤한 차 한잔,
멋진 공간 속에 나를 데려다 놓고
그 이미지를 나 자신에게 자주 보여 주자.

끌어당김의 법칙

1. 내가 꿈꾸는 나를 설정하자.

2. 자기 전에 원하는 나의 모습과 상황을 상상하며 잠들자.

3. 잠자리에서 일어나서 제일 눈에 잘 띄는 곳에 목표를 써 놓자.

4. 되고 싶은 사람, 가고 싶은 학교, 원하는 자리를 사진으로,

   글로 적어 붙여 놓자.

5. 세운 목표를 날마다 습관적으로 보고 또 보며

   뇌를 계속 상기시키자.

6. 더 강하게 끌어당기고 싶다면, 원하는 것을 구체적으로 쓰고

   매일 입으로 선언하며 말해야 한다.

나를 위한 투자

한때 나는 강남에서 잘나가는 '동요 선생님'이었다.

20대 시절 학비를 벌기 위해, 자취 비용을 벌기 위해,

나는 동요 선생님으로 활발하게 활동했다.

나에게 배우려고 학생들이 오디션을 보고

대기해야 할 정도였다.

여름 방학 때는 아침 9시부터 저녁 9시까지 쉬지 않고

아이들을 가르쳤던 기억이 난다.

가르치는 아이들마다 금상을 받아 온다고 엄마들 사이에서

'금 만드는 금 선생님'으로 불렸다.

아이들을 진심으로 사랑했고,

좋은 선생님이 되고자 노력했다.

뭐든 진심으로 행동하는 나는 아이들과 수업할 때나

학부모들과 상담할 때나 늘 최선을 다했다.

그런 진심이 통했는지 서울의 많은 학부모들께

사랑을 듬뿍 받았고, 서울에 가족 없는 나에게

아이들은 가족처럼 친근한 존재가 되어 주었다.

레슨이 많았기에 당연히 수입이 좋았다.

그때 돈을 모았다면 서울에 아파트 한 채는 샀을 것 같다.

하지만 나는 멋진 미래를 간절히 바랐기에

돈을 버는 족족 나를 위한 레슨비로 투자했다.

언젠가 유학을 가고 말 것이라는 확신을 갖고,

보이지 않는 미래를 위해 아낌없이 자기계발을 했다.

"나래 너는 돈을 그렇게 많이 버는데 왜 항상 돈이 없어?"

"야, 그 돈으로 명품 가방 사면 평생 남고 얼마나 좋아."

그러면 나는 늘 이렇게 대답했다.

"지금 당장 눈에는 안 보이지만 내가 나한테 투자하는 거야."

미래를 위해 지휘 레슨을 받았고,

돈이 남으면 어학원에 등록하여 외국어 공부를 계속했다.

혼자 독일어 단어 책이 너덜너덜해질 때까지

반복하여 외웠다.

투자 중 가장 실패율이 낮은 투자가

바로 자신을 위한 투자 아닐까.

스스로의 실력과 능력을 키우는 일도

그냥 이루어지지는 않는다.

한계를 발견했을 때

＊

아이들을 가르치고, 나를 위한 공부에 투자를
계속해 가던 어느 날 한계가 찾아왔다.
아이들을 더 잘 가르치고, 발전하도록 돕고 싶은데
사람이 아는 만큼 보인다고, 내가 더 아는 게 없으니
수업의 한계점이 보인 것이다.

그럴 때 나는, 나보다 훨씬 공부 많이 한 선생님께
아이들을 보냈다. 아이들을 위해서라면
자존심 따윈 필요 없었다.
내가 모르는 부분이 있다면 아이들에게
솔직히 말하고 해결책을 제시해 주고 싶었다.

지금도 나는 모르는 것이 있어도 부끄럽지 않다.

부족하거나 모르는 것이 있다고 느끼면
상대방이 동생이든 제자든 배우려고 한다.
평생 모르는 상태보다 지금 배워서
무지를 채워 가는 자세가 훨씬 낫다.

모르는 것은 부끄럽지 않다.
모른다는 그 사실을 숨기는 것이 결국
부끄러운 상황을 만든다. 끊임없이 묻고, 배우고,
알아 가야 하는 이유가 여기에 있지 않을까.

＊

하지만 점점 나의 한계점을 발견할 때마다
또 다른 고민이 생겨났다. 더 늦기 전에 유학을
가야겠다는 생각이 뚜렷해졌기 때문이다.
내가 부르는 노래에 담긴 언어를 배우고 그 노래들의 세계에
다가간다면 배움이 더 풍요로워지지 않을까.
당장의 바쁜 현실에 치여 잊고 지낸 마음이
다시 나를 찾아왔다.

나도 다시 무대에 서고 싶어.

유학 가서 공부를 더 하고 싶어.

040

한계점에서 나를 두드린 건

다름 아닌 '꿈'이었다.

때로는 초라한 마음이
기회가 된다

나 자신이 초라하게 느껴질 때가 있다.

자존감이 바닥을 쳤을 때 특히 그렇다.

하지만 이러한 마음이 내 세상의 전부가 아니다.

잠식되지 말아야 한다.

못나고, 밉고, 싫기만 한 나 자신일지라도

내치지 말아야 한다.

내가 나에게 숨 구멍을 만들어 주면,

위기는 기회로 바뀌어 새로운 세상을 열어 주기도 한다.

자격지심, 슬럼프, 고난…….

당시에는 너무나 힘들고 고통스럽지만, 지나고 보니

마냥 나쁘지만은 않았다.

날아오르길 원하는 새에게는 '날개'가 필요하다.

그리고 하나 더, 날개를 펼칠 '용기'가 간절할 뿐이다.

합창 지휘자인 나는 매일 보이지 않는 것을 연습해.
숨을 어디서 쉬고, 소리를 어디서 작게 또 크게 낼지,
자음은 줄일지 살릴지, 표정은 어떻게 해야 할지.
마치 단원들 대신 노래하듯,
목소리를 몸으로 그려 보는 거야.

반복되는 시간이 힘겨워 나 자신이 안쓰러운 날엔
이렇게 말해 보려고 해.
정말 잘하고 있어.
참 열심히 살고 있어. 기특해.

Als Chorleiterin übe ich jeden Tag Dinge,
die man nicht sehen kann.
Wo man atmet, wann die Stimme leiser oder lauter wird,
ob die Konsonanten betont oder weggelassen werden,
welche Mimik passend ist.

Ich stelle mir vor, ich singe anstelle der Sänger –
und empfinde den Chorklang nach.
An Tagen, an denen sich das ständige
Wiederholen schwer anfühlt und ich mir selbst leidtue,
sage ich mir: Du machst das richtig gut.
Du gibst wirklich dein Bestes.
Ich bin stolz auf dich.

나를 강하게 만드는
마음속 주문

*

이제 막 독일에서 일을 시작했을 때,

합창단 아이들에게 받은 무시를 잊을 수 없다.

"그거 아닌데."

"발음이 왜 저래?"

비웃음과 비아냥이 내 주위를 휘감았던 시기였다.

나도 나름 한국에서 명문대 나오고 독일에서

정식 학위를 딴 전문 연주자인데,

독일의 초등학생과 중학생에게 받는

무시의 말과 눈빛 들 때문에 마음고생이 참 심했다.

합창단에서 9년 넘게 일을 하는 지금도

가끔 이런 상황이 생긴다.

사춘기여서 그런지, 내가 하는 말마다

대놓고 무시하고 반항하는 아이들이 있다.

그때마다 대수롭지 않게 여기려 해도

마음 한구석에 상처가 돋아나는 건 어쩔 수 없나 보다.

그래, 쉬지 않고 독일어를 더 공부해야겠구나…….

내가 더 노력해야겠구나, 다짐을 반복한다.

지금도 나는 매주 독일어 과외를 받으며

어학 공부에 시간을 투자한다.

그리고 이렇게 반항하는 아이들을 볼 때마다

속상하면서도 마음 한편 고맙다고 여긴다.

※

아이들이 반항한다고 했는데,

사실 모두 다 그런 것은 아니다.

서른 명 중에 한둘 정도만 항상 퉁을 부리고 일부러

작심한 듯 선생님을 화나게 하는 타입들이다.

그럴 때는 마음속 주문을 수십 번 되뇌인다.
화내지 말자. 화내지 말자.

아이들에게 모범을 보여야 하는 자리이기에
참고 또 참고, 계속 참아 보려고 한다.
어리석고 우매한 선생이 되고 싶지는 않아서다.
이심전심 다행히 마음이 통했는지 반항기 가득한
아이들의 행동이 조금씩 잦아들었다.
웃는 얼굴에 침 못 뱉는 건 동서고금 막론하고
어디에서나 통하는 듯했다. "선생님은 널 좋아해."라고
전하는 진심을 누가 내치랴.

힘든 건 사실이지만
능력이 없어서가 아니야

＊

몇십 명의 독일 아이들 앞에서

독일어 합창곡 노래를 가르쳤을 때 일이다.

2시간 수업을 위해 나는 몇 배의 시간을 수업 준비에 힘썼다.

합창단과 같은 공동체는 전체를 위해

개개인이 너무 중요하다.

따라서 나는 아이들 한 명 한 명의 마음을

신뢰로 바꾸기 위해 참 많은 노력을 했다.

그러던 어느 날, 어머님 한 분이

학교에 직접 찾아와서 항의를 했다.

"중요한 연주도 대회도 많은데, 어떻게

독일 민요를 동양인에게 맡길 수 있어요?"

다짜고짜 내 앞에서 항의를 하는데 너무 당황스러웠다.

억울하고 속상했지만, 살면서 이런 무시를

처음 받아 본 나였기에 참다 참다 결국 눈물을 터뜨렸다.

나도 한국 가면 엄마한테 귀한 딸인데. 공부 많이 했는데.

모든 열정을 다해 아이들을 가르치고 있는데.

＊

그날 밤, 엄마에게 전화를 했다.

"엄마, 나 너무 힘들어.

이젠 정말 그만할까 싶네. 한국 갈까?"

"나래야, 엄마도 네가 남들한테

무시당하고 사는 거 너무 싫다.

네 능력이 거기까지인 거면 더 고생 말고 한국으로 와.

괜찮아, 어쩌겠어."

나를 위로해 주려는 엄마 말을 듣다가

문득 이런 생각이 들었다.

'어? 힘든 건 맞지만 내 능력이 안 되지는 않는데?'

그러자 뿌옇던 눈앞이 선명해지고 소란했던 마음이

정리되는 듯했다. 이 상황을 이겨 낼 수 있을 것 같았다.

다음 날, 나한테 항의한 어머님과 상담 일정을 잡았다.

만나기 한참 전부터 머릿속으로

이 어머님과 이어 나갈 대화를

상상하며 긍정적으로 풀어 가는 그림을 그렸다.

하고 싶은 말도 머릿속으로 준비했다.

긴장과 떨림 속에 상담 날이 다가왔다.

나는 차분히 어머님께 준비해 온 이야기를 꺼냈다.

"어머님, 당신이 저를 신뢰하지 못하는 건

정말 이해가 갑니다.

그런데 저는 아이들을 진심으로 사랑하고 잘 가르치기 위해

노력을 했고 앞으로도 계속할 거예요.

저는 아이들을 가르치는 2시간을 위해 한 주 동안

많은 것을 준비하고 공부합니다. 저는 이 직업을 사랑합니다.

그리고 우리 아이들을 진심으로 사랑합니다.

저라는 동양인에게 딱 1년만 기회를 주시겠어요?

제가 한 해 동안 최선을 다하겠습니다.

그래도 어머님께서 그리고 우리 아이들이 저를 믿지 못하고

결과가 좋지 않다면…… 그때는 제 발로 나가겠습니다.

그러니 저라는 사람에게, 제가 공부하고 준비한 열정을

펼칠 수 있는 기회를 주세요."

진심이 통한 것일까.

어머님은 나에게 했던 심한 말들에 미안하다고 사과했다.

지금은 어떻느냐고?

우리 합창단에서 나의 큰 지지자가 되는 존재다.

진심을 주고받는 과정

독일에서 아이들을 잘 가르치려면 뭐가 제일 중요할까?

아이들과 가까워지고, 아이들에게

나에 대한 신뢰를 주는 것이 첫 번째라는 생각이 들었다.

그래서 전에 없던 합창단 캠프를 기획했다.

우리 집에 아이들을 초대해 재미있는 한국 영화를 함께 보고

시내에 있는 한국 레스토랑에서 한식도 사 먹었다.

한국이라는 나라에 친근감을 가질 수 있도록

노력했던 날들이다. 무엇보다 합창단 전체를 위해

아이들 한 명 한 명을 섬세히 들여다보며 각각의 아이들을

아끼고 보듬고자 했다.

1년, 2년, 3년…… 시간이 지나 우리는 독일뿐 아니라

유럽 내 여러 지역을 돌아다니며 공연을 치렀다.

2021년에는 독일 시 대표, 2022년에는 독일 주 대표,

2023년에는 독일 대표 합창단으로 권위 있는

여러 콩쿠르를 휩쓸었다. 성취와 성과의 업적은

독일 뉴스와 신문에 널리 소개되었고,

나는 독일의 어린이 청소년 합창 전문 지휘자로 인정받아

탄탄히 자리를 잡게 되었다.

다른 무엇보다 기쁜 변화는,

아이들이 나를 무척 좋아해 주고 믿는다는 점이었다.

나라는 한국인을 통해 한국이라는 나라에

관심을 갖게 된 친구들도 생겼다.

어떤 친구들은 한글 학교에 다니고,

한국어 개인 과외를 받기도 한다.

게다가 더더욱 감사한 일은, 아이들이 한국어를 좋아하고,

한국어 합창곡을 좋아하게 된 것이다.

"달아 달아, 밝은 달아"가 익숙하게 흘러나올 만큼

합창단 아이들에게 한국은 가깝고 친근한 문화가 되었다.

'고난이 있을 때, 그것이 참된 인간이 되어 가는 과정임을
기억해야 한다.'는 괴테의 말을 되새기는 나날이었다.

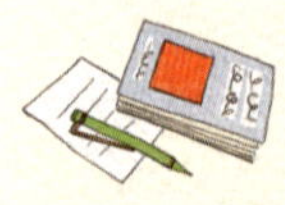

공연을 위해 이동하는 기차 안, 손에 쥔 건 종이 한 장.
단 한 장이지만, 거기에 담긴 수백 번의 연습.

무대 위 단 몇 분을 위해 열심히 연습 중이야.
잘하든 못하든 상관없이 끝까지 하고 또 해 보자.

Im Zug auf dem Weg zum Auftritt –

in der Hand nur ein Blatt Papier.

Nur ein Blatt,

aber darin stecken hunderte Stunden Übung.

Für ein paar Minuten auf

der Bühne üben wir mit ganzem Herzen.

Egal, ob es gut wird oder nicht –

wir machen weiter und versuchen

es immer wieder.

롤모델을 찾아라

이것은 내 꿈의 '출발선'에 관한 이야기다.

열네 살, 당시 중학생이었던 나는
우연히 텔레비전에 나온 한 사람에게 완전히 반해 버렸다.
바로 소프라노 박정원 성악가.

'박정원' 이름 석 자만 가지고 사람을 찾는 것은
쉬운 일이 아니었다. 하지만 행동파인 내 성향은
어릴 때부터 빛을 발했던 것 같다.
언젠가 박정원 선생님을 만나고 싶다는 꿈을 꾸었고,
그분처럼 세계적인 사람이 되어 문화적인 영향력을
널리 전하며 나라를 위해 일하는 사람이
되고 싶다는 열망이 마음속에 자리 잡았다.

그 당시 집에 컴퓨터가 없었기 때문에,

할머니에게 천 원만 달라고 부탁했다.

"박정원, 저분의 정보를 찾아야겠어."라고 말하면서 말이다.

천 원 한 장을 손에 소중히 쥐고 피시방에 간 나는

검색에 검색을 거듭하여 박정원 선생님이

서울의 어느 대학교에 교수로

재직 중이라는 정보를 찾아냈다.

그러고 나서 나는 곧장 대학교 조교실에 전화를 했다.

"안녕하세요. 저는 경상도 진주에 사는

중학생 정나래라고 합니다.

텔레비전에서 박정원 교수님을 뵈었어요.

저는 이 교수님께 꼭 배우고 싶습니다.

이 교수님을 꼭 만나고 싶습니다."

당찬 중학생의 간청이었다. 조교분은 친절하지만 단호하게

"교수님은 대학교 학생만 가르치세요. 죄송하지만

연락처를 전할 수 없어요."라고 내게 말했다.

하지만 단념할 내가 아니었고,

얼마 뒤 다시 조교실에 전화를 걸었다.

"안녕하세요. 저 그 경상도 진주 중학생 정나래인데요.

저, 진짜, 제 꿈이 박정원 교수님 만나서 테스트받는 거예요.

제발 만나게 도와주세요."

어린 학생의 노력이 가상했는지,

조교님은 교수님께 사투리 쓰는 한 아이가

계속 전화를 한다고 상황을 물어봐 주었다.

교수님께서도 어린아이의 꿈을 응원해 주고싶으셨는지,

다행히 전화 연결을 허락해 주셨다.

텔레비전에서 본 분과의 전화 연결은 정말

꿈만 같은 일이었다. 내가 어떤 전화기로 전화를 했는지,

어떤 방에서 전화를 걸었는지,

전화기를 잡고 기도했던 나의 모습 등

당시의 심정까지 여전히 전부 다 기억이 난다.

"교수님께 용기 내어 전화를 합니다.

저는 중학교 2학년이고요. 교수님을 텔레비전에서 봤어요.

저 성악해도 될지 테스트를 받고 싶어요."

"미안하지만 나는 대학생만 레슨을 해 줄 수 있어요.

힘들 것 같네요."

며칠이 지나고 니는 다시 학과 사무실에 전화를 했다.

조교님은 이제 내 사투리를 듣고 곧장 교수님께

통화 연결을 해 주었다.

"교수님, 제가 레슨비도 많이 없고, 서울에 살지는 않지만요.

정말로 한번 만나 뵙고 테스트를 받고 싶습니다.

선생님, 제발 저 좀 만나 주세요."

"보통은 학부모님들이 자식들을

테스트해 달라고 전화하는데.

너는 네가 직접 전화를 하고 배우고 싶다고 하는구나."

교수님은 나를 기특하게 봐주셨지만 이번에도

선뜻 답을 주진 않았다.

이후 세 번째 통화에서, 비로소 교수님이 말씀하셨다.

"하하하! 그래 얘야, 너 얼굴이라도 보자. 서울로 오렴."

"선생님, 레슨비는 어떻게 준비할까요?"

"너의 끈질김과 열정, 네 얼굴이 궁금하구나.

네 형편껏 하고 부담 없이 올라오렴."

※

정말 아무것도 몰랐던 나는 할머니께서 직접 짜신

참기름 두 병과 멸치 한 박스를 챙겼다. 보따리 두 개와

악보만 가지고 서울로 가서 선생님을 만난 것이다.

지금 생각해 보면 정말 말도 안 된다.

세계적인 분에게 배우는데

멸치 한 박스에 참기름 두 병이라니.

세상을 몰라도 너무 몰랐던 열네 살이었다.

여하튼 나는 진주에서 서울로 네 시간,

역에서 선생님 댁까지 또 한 시간,

그렇게 총 다섯 시간을 걸려 박정원 선생님을 찾아뵈었다.

선생님께서는 바쁜 시간을 내서 잠시 나와 주었고,

나의 노래를 들어 주었다.

"목소리 좋고 잘 배웠네. 너, 이름이 뭐라고? 정나래?"

그러고 나서 선생님께서는 이렇게 덧붙이셨다.

"나래야, 너의 열정이면 너는 뭐가 되도 될 거야."

※

세계를 돌아다니며 지휘하는 지휘자.

세계의 아이들을 음악으로 연결하는 문화 외교관.

지금 나는 합창 지휘자로,

문화 외교관으로, 꿈을 이룬 셈이다.

물론 나는 박정원 교수님께서 계시는

대학교에 입학하지 않았고,

지금은 성악이 아닌 지휘자로 활동을 하고 있다.

하지만 여전히 교수님을 인생 멘토로 모시며

연락을 드리며 지낸다.

누군가 나를 자신감 있는 사람으로, 늘 긍정적이고

도전적인 사람으로, 자랑보다 겸손이

몸에 밴 사람으로 봐 준다면……

그 모습들은 나의 스승님이자 멘토분들께 배운 것들이다.

이루고자 하는 꿈을 먼저 현실에서 실천한 멘토와

롤모델을 찾아보자. 노력하는 힘과 꿈꿀 수 있는

원동력을 가질 수 있게 된다.

나를 자라나게 하는 말들

실패는 끝이 아니다.

지금 이 힘든 순간이 인생의 전부가 아니야, 멀리 보자.

나는 할 수 있다.

모든 것을 다 잘할 수 없어도,

내가 할 수 있는 최선을 다할 수 있다.

말은 마음을 움직이게 하며,

나 자신을 움직이게 만든다.

나를 쓰러뜨리는 말보다

나를 일으켜 세우는 말에 무게를 두자.

우리 모두는 말을 품고 자라나니까.

2장

늦은 시기란 없어, 각자의 속도가 있을 뿐이야

BUTTER
Cookie Recipe

나를 가장
사랑하지 못한 사람, 나

나는 나를 진심으로 좋아한 적이 있을까?

좋아하기보다 미워하기에 바빴던 이유는 무엇이었을까?

내 꿈을, 왜 내가 먼저 믿어 주질 못했을까?

누가 내 꿈을 믿든 말든 상관없는데.

내가 나를 믿고 실행에 옮기고 행동하면 되는 거였는데.

꿈을 이루는 최고의 방법은,

내가 나를 사랑해 주고 믿는 것.

말만 하지 말고,
지금 시작

말만 하는 사람을 좋아하지 않는다.

말을 하면, 당연히 그 말에 책임을 져야 한다.

말은 곧 약속이다. 약속을 지키기 위해

행동으로 최선을 다해야 한다.

어렸을 때부터 엄마는

"나래 너는 왜 이렇게 성격이 급하니?"라고

잔소리했지만, 나는 자부하며 말할 수 있다. 돈도 없는 내가

이 자리까지 올라올 수 있었던 제일 큰 비결은

마음먹은 즉시 행동했기 때문이다.

꿈꾸고 희망하는 것을 말하고,

말한 것을 지키며 실천하자.

때로는 말도 안 되는
꿈을 꾸자

"나래 너는, 왜 그렇게 현실적이지 않아?"

자라면서 숱하게 들은 말이다.

주위 사람들은 내게 '제발 좀 현실적이어라' 하고

충고와 조언을 하곤 했다.

그때마다 나는 그들을 향해 이렇게 호기롭게 말했다.

"어떻게 꿈 없이 살아?

나 행복하자고 꿈꾸는 거니까 내버려 둬."

미래를 상상할 때, 나는 행복함을 느낀다.

미래를 꿈꿀 수 있을 때, 나는 세상으로 나갈 용기를 얻는다.

미래에 어떻게 될지 불안하다면, 정반대로 생각해 보자.

미래에 어떻게 될지 모르니 얼마나 기대되는지 말이다.

바꿀 수 없는 과거에 머물지 말고,

바꿀 수 있는 미래에 에너지를 쏟자.

꿈은 도착점이 아니다.

인생의 징검다리와 같다.

꿈을 이루고 나면 그다음의 꿈이 생긴다.

꿈의 크기는 상관없다.

작은 목표라도 좋으니 하나씩 차근차근.

사람마다 꿈의 모양도 다양할 것이다.

되든 안 되든 상관없이, 꿈을 가져 보자.

이왕이면 말도 안 될 만큼 멋지고 좋은 녀석으로 말이다.

성공의 비결은 가장 가까이
머물고 있다

＊

앞서 잠깐 언급한,

합창대회 때 이야기를 좀 더 해 보려 한다.

아시아 사람이 지휘하는 합창단이 독일 대회에서

1등을 한 것은 몇십 년의 합창대회 역사상

처음 있는 일이었다. 그야말로 화젯거리이자

대대적인 이벤트인 셈이었다.

독일을 대표하는 합창대회는 4년에 한 번씩 열린다.

시 대회에서 대표로 뽑혀야 하고,

이후 주 대회에서 1등을 해야 독일 대표를 뽑는

연방 대회에 참여할 수 있는 기회가 주어진다.

*

나는 대회 4년 진부터 시 대회를 준비하며
연방 대회로 진출하는 것을 목표로 삼았다.
연습에 매진하던 어느 날, 충격적인 일이 일어났다.

남편이 갑자기 심장병으로 병원 중환자실에
입원하게 된 것이었다. 나는 새벽과 저녁에는
남편 병간호를 하고, 오후에는 합창단 연습을 진행했다.
갑작스러운 상황 속에 남편이 지휘하는 합창단까지 맡으면서
두 개의 합창단을 이끌고 대회에 출전해야 했다.
피땀 눈물의 시간을 거쳐 무대에 올랐을 때,
나는 내가 아님을 느꼈다. 마치 마리오네트 인형처럼,
나의 손은 불가항력의 줄에 이끌려 이리저리
허공에서 춤을 추는 듯한 느낌을 받았다.

무대가 끝나자, 기다렸다는 듯 기립 박수가 터져 나왔다.
우리 팀은 수많은 독일의 주 대표 합창단들 가운데
1등을 했다. 두 팀 모두 부문별 1등을 했고,
도르트문트 청소년 합창단은

독일 대표로 선정되는 쾌거를 이루었다.

그렇게 나는 많은 유럽 지휘자들 속에서 독일을 대표하는

어린이 청소년 합창단 지휘자가 되었다.

무대에서 선보인 일곱 곡 가운데 중 한국 곡이

두 개나 있었다. 주 대회 때는 우리 팀의 한국 노래가

'올해 최고의 합창곡'에 뽑히기도 했다.

＊

살아 보니

이룰 수 없는 것은 없었다.

꿈꿀 수 없는 것도 없었다.

하지만 도전하지 않았으면 결코 몰랐을 것이다.

실천하지 않았다면 무엇도 이루지 못했을 것이다.

성공의 비결은 가장 가까이 내 안에 머물고 있다.

그 분명한 사실을 어쩌면 당신만 아직 모르고 있을 뿐.

현명한 소비가
중요한 이유

용돈을 받는 대로 다 써 버리는 사람.

용돈을 받기 전에 한 달 지출을 예상하고,

소비 기록을 하는 사람.

용돈을 어디에 썼는지 이틀 지나면 까먹는 사람.

용돈을 아끼는 사람.

남은 돈을 저축하고 기록해 두는 사람.

돈이 중요하지 않은 사람은 없을 것이다.

돈을 어디에 많이 쓰는지 들여다보면

지금 내가 집중하고,

지금 내게 중요하다고 여기는 삶의 방향성을 알게 된다.

너무 아끼면 궁상맞을 수 있고,

너무 해프면 어리석을 수 있는,

돈과 삶의 상관관계.

현명한 소비 또한 성장 과정에 무척 중요하다.

어디에 어떻게 돈을 쓰느냐에 따라 현재와 미래의 삶이

서서히 선명해진다.

한 번의 실수는
오히려 배움이 된다

고속도로에서 운전하다 보면,

목적지를 알면서도 나도 모르게 다른 길로 빠질 때가 있다.

그래도 다행인 점은

한 번 실수한 곳에서 또다시 실수하지는 않는다는 사실이다.

오히려 배움이 되어

우리를 이끌기 때문일까.

실수를 반복해도 괜찮다.

제대로 된 길을 가기 위해 얼마든지 다른 길로 빠져도 된다.

실수는 현명한 방향으로 삶을 인도하니까.

여행을
즐겨라

살아가는 동안 여행을 많이 하자.

꿈이 없는 청춘은 도착지를 모르고 달리는 차와 같다.

꿈이 없는 청춘은 나침반이 없는 배와 같다.

여행을 하면 순간순간 발견할 수 있는 것들이 많다.

꿈도, 청춘도, 당신 곁에 빛나고 있을 것이다.

결과보다는
과정

최고의 행운이 삶에 찾아와도,

단 한 번뿐인 기회가 주어져도,

결과만 믿고 '잘되겠지' 손 놓고 있다면

아무것도 이루어지지 않는다.

노력하는 과정이 없다면 제로다.

때때로 사람들은

두렵고, 걱정스럽고, 고민이 많아

뭔가를 선뜻 시작하지 못한다.

그러면서도 막연히 좋은 결과를 기다린다.

행여 생각대로 되지 않으면

잘되는 누군가를 흠집 내려고 한다.

그 사람의 노력과 정성이 깃든 과정을 무시한 채

그저 운이 좋았을 거라고, 비난하고 미워하기도 한다.

결과를 바라기 전에

우선은 인생의 과정 속에 최선을 다하면 어떨까.

너무 무리하지 말고,

그렇다고 남을 무시하지도 말고,

내가 할 수 있는 최선으로 걸어 나가볼까.

합창은 혼자 하는 게 아니라 함께 만드는 거야.
다른 친구의 강점을 보고 인정할 수 있다면,
너도 성장할 수 있어.

Im Chor singt man nicht allein, sondern zusammen.
Wenn du die Stärken der anderen erkennst und anerkennst,
kannst auch du wachsen.

독수리가 될래,
까마귀가 될래

독수리를 공격할 수 있는 유일한 새가

까마귀라는 말을 들었다.

까마귀가 독수리 등에 앉아서 독수리의 목을 쪼면서

괴롭히면 독수리는 어찌 할까? 같이 싸울까?

아니, 신경도 쓰지 않는다고 한다. 까마귀가 목을 쪼든

등 뒤에서 날뛰든 '노 관심'.

독수리는 더 높이 날 수 있는 방법을 터득하는 데 집중한다.

그렇게 독수리가 고도에 올라가면

까마귀 스스로 떨어지고 마는 거다.

누가 당신의 꿈을 평가하든 말든 상관하지 말자.

잘하지 않는다고, 생각보다 약하다고 누군가 너를

심적으로 할퀴고 상처 주어도 흔들릴 필요가 전혀 없다.

당신의 꿈을 무시하거나 부정적으로 이야기하는

사람들을 보면 이렇게 생각하면 어떨까.

'까마귀야, 쭉 그렇게 살아가렴.

나는 독수리가 되어 더 높이 날아오를게.'

다른 사람 인생에 관심 많고,

남이 잘되기보다 실패하고 무너지기를 바라고,

사사건건 참견하는 세상의 많은 까마귀들에게

괜히 마음 쓰지 말자.

시간과 에너지를 낭비하지 않는 대신에,

내 자신을 의심하는 대신에,

우리는 멋진 활공을 택하자.

날개를 활짝 펴고 좀 더 멀리 가 보자.

실패하고 나서
일어난 일

*

노래를 배우며 꿈을 향해 한 걸음씩 나아가던 중학교 시절.
'한국 최고가 되려면 서울에 가야 해.'라는 강한 의지를 품고
서울에 있는 예술고등학교 입시에 도전했다.

엄마 아빠는 그냥 내가 평범하게
공부하며 자라기를 바라셨고,
주변 사람 그 누구도 선뜻 응원하지 않았다.
게다가 할머니는 성악을 판소리로 착각하시고는
"목에 피가 날 정도로 연습해라, 나래야!" 하셨다.
(사실 나는 정말 무식할 만큼 연습을 많이 해서 성대 결절로
병원에 간 전적이 있기도 했다.)

어쨌든 온 마음을 쏟아붓고 연습에 몰입하며

서울에 있는 예술고등학교 진학을 준비했다.

서울에 레슨을 받으러 다니고,

피아노 레슨도 따로 받고, 새벽기도도 다니고…….

할 수 있는 최선을 다했다.

열여섯 딸이 이렇게까지 열심히 하는 데

엄마도 감동을 받아, 입시 날은 엄마도 하루

휴가를 내고 나랑 함께 서울에 갔다.

늘 일로 바빴던 엄마가 처음으로 나를 데리고

서울로 간 날이었다.

엄마의 응원과 보호 속에서 입시를 치른 그날은,

정말이지 잊을 수 없이 행복한 하루였다.

서울 친구들과 함께 입시 준비를 할 때 가장 부러웠던 게,

레슨 때마다 데려다주는 엄마들의 모습이었기 때문이다.

엄마가 같이 서울에 와 주었기에,

더욱 기운이 났던 그날의 나는 좋은 컨디션으로

노래를 잘 불렀고 평소처럼 열정을 다했다.

하지만 결과는 불합격. 똑 떨어지고 말았다.

합격 발표가 있던 그날은 여전히 기억 속에 또렷하다.

나는 친한 언니의 자전거를 빌려

진주 남강 한 바퀴를 돌고 있었다.

그런데 갑작스럽게 자전거 바퀴가 푹, 터지는 게 아닌가.

내 자전거도 아닌데 이게 무슨 일이야…….

왠지 불길한 마음이 나를 사로잡았다.

그러고 나서 받아든 결과가 '불합격'이었던 것이다.

밤새 노력하며 연습했던 날들이 무색하리만큼,

너무나 선명하게 각인된 '불합격' 세 글자는 내 인생

첫 도전에 실패했다는 명확한 증명이었다.

바라던 꿈을 이루지 못한 결과는 성공 혹은 실패.

나는 실패했다.

중간은 없었다.

도전을 성공시키지 못한 실패자일 뿐이라

스스로를 여겼다.

＊

하지만 그것이 정말 실패였을까.
실패로 남았을까.

어느 학교에 가야 하나, 음악을 계속할 수는 있으려나,
예술이고 뭐고 그만두어야 하나…….
갈래마다 피어나는 고민으로 마음이 복잡하기만 했다.
그때, 감사하게도 집에서 멀지 않은 곳에 자리한 경남예고에
추가 입학 시험이 있다는 소식을 접했다.

그리고 지금은 내 인생에서 가장 잘한 선택이
경남예고 입학이라고 말할 만큼 자랑스럽고 뿌듯하고
행복한 시간들이었다. 나랑 잘 맞는 친한 친구들,
편안한 연습 공간, 좋은 선생님들,
뛰어난 학교 커리큘럼 등 이보다 더 좋을 수 없는 곳이었다.
행여 그때 서울에 있는 예고에 갔어도
끝이 좋지는 않았을 것이다.

할머니의 건강이 나빠지셨고 아빠 사업이 악화되어,

고등학교 졸업까지 서울에서 평탄하게

보내지 못했을 가능성이 컸다.

※

"나래야, 고등학교가 전부가 아니야. 인생 멀리 보렴."

고등학교 입시에서 떨어진 내게 선생님이 하신 말씀이다.

중학교 때 처음으로 겪었던 실패는

아주 크고 강력하게 인생을 뒤흔들었다.

하지만 그게 끝이 아니었다.

지나고 보니, 실패는 실패로 남지 않았다.

완벽한 실패도 없고 완벽한 성공도 없는 것이었다.

축지법 대신
나만의 보폭으로

가끔 숨을 막힐 때가 있다.

부지런히 남들을 따라가기 위해,

뒤처지지 않기 위해,

쉬지 않고 걷고 있지만

여전히 세상이 원하는 속도는 너무 빠른 것만 같다.

가야 할 목적지는 아직 한참이나 멀어 보인다.

얼마나 더 빨리 가야 하는 걸까.

축지법,

아니, 공간을 이동하는 초능력이라도 생기면 좋겠다.

그래야 겨우겨우 남들만큼 살아가게 될 텐데.

하지만, 빨리빨리 많이많이 재촉하는 세상의 속도 대신
나만의 보폭으로 걸어가고 싶다.

버거울 땐 조금 느리게도 가고,
기쁠 땐 그 마음을 천천히 느끼면서,

나의 속도로
나아가자.

Lass uns in meinem

eigenen Tempo vorangehen.

꿈이 이루어지는
'위시 리스트' 만들기

1 1월 1일, 올해 꼭 하고 싶은 버킷 리스트를 새롭게 작성하고

12월 31일, 그해 적은 리스트를 체크한다. 해마다 루틴으로 적는다.

2 미래에 이루고 싶은 일을 나만의 기사로 미리 만들어 놓는다.

3 날마다 작은 것 하나라도 해낸 나를 소리 내어,

혹은 글로 기록하며 칭찬해 준다.

4 남이 아닌 나에게 가장 긍정적으로 말한다.

5 잠들기 전에 미래의 내 모습을 구체적으로 상상한다.

6 속으로만 간직하지 말고, 목소리로 꿈을 이야기해 본다.

가까운 사람들에게 이야기하며 선언한다.

7 과거에 집착하지 않고, 현재에 집중한다.

8 때를 기다리는 대신 내가 '타이밍'을 만든다는 생각으로 행동한다.

9 남들이 뭐라고 하든 신경 쓰지 않는다.

10 하기로 마음먹었으면 일단 Go!

생각은
날개이자 바람

생각은 날개가 있다.

문득 떠오른 생각은
바람처럼 스쳐 지나간다.
하지만 그 찰나의 번뜩임이
가장 빛나는 아이디어가 되곤 한다.

생각은 머물지 않는다.
잠시 고개를 내밀었다가
눈을 돌리면 사라진다.

좋은 생각이 떠올랐다면,
주저하지 말고 기록하라.

그 한 줄이,

그 메모 하나가,

언젠가 나의 길을 밝혀 줄

소중한 자산이 된다.

생각은 날아가지만,

기록은 남는다.

구분하기 어렵지 않다

꿈을 이룬 사람과

꿈을 이루지 못한 사람은

이렇게 구분이 된다.

꿈꾼 것을 바로 실행하는 사람.

꿈만 꾸는 사람.

꽃이 피는 계절이 있듯이,
사람마다 피어날 자신의 시간이 있어.

그 시간이 오면, 너는 가장 아름답게 피어날 거야.
인내 속에서 네 시간이 준비되고 있음을 느껴 보렴.

Wie es eine Jahreszeit gibt, in der Blumen blühen,
hat auch jeder Mensch seine eigene Zeit zu erblühen.

Wenn die Zeit kommt, wirst du am schönsten erblühen.

좋은 사람을 곁에 두자

✲

'근묵자흑近墨者黑'이라는 사자성어가 있다.

어떤 사람들과 어떤 무리에서 어울리느냐에 따라

인생이 달라진다.

내가 긍정적인 방향으로 나갈 수 있었던 이유는,

그리고 지금까지 꾸준히 자기관리에 힘쓰며

공부하는 사람으로 성장할 수 있었던 결정적인 이유는

주변 사람들과 친구들이 모두 나와 비슷했기 때문이다.

중학교 때, 동경하는 대학생 언니들이 있었다.

그 언니들처럼 예쁘고 멋지게 자라고 싶었던 마음이 컸다.

우아한 서울 말투와 걸음걸이,

세련된 패션 그리고 명문대 합격,

합격 이후에도 꾸준히 노력하는 모습들.

그때 생각했다, 나도 저렇게 되고 싶다고.

언니들에게 스며들고 싶었다. 그래서 동경하는

언니들 곁에 머물며 조금씩 물들고 싶었다.

＊

함께 어울리면서 나는 언니들의 연습 방법을 듣게 되었고,

레슨 선생님 이야기 그리고 도전했던

대회들 이야기까지 자연스럽게 들을 수 있었다.

또한 언니들에게도 '그림자'가 드리운 어두운 시간이

있었음을 알 수 있었다. 그들도 여러 대회에서

수상하고 탈락하는 실패를 반복했던 것이었다.

딕분이었을까, 고등학교 때도 이려운 환경에서

힘들게 공부했지만 나는 내가

어렵게 공부한다고 느끼지 않았다.

쉽게 얻어지는 건 없음을 이미 잘 알고 있었다.

꿈이 있다면 죽도록 노력하는 것이 당연했다.

친한 친구들도 사정이 비슷했다.

모두들 어렵게 레슨비를 모아 수업을 받았다.

나와 친구들은 혹독한 환경에 무너지지 않기 위해
서로를 북돋아 주었다. 나중에 후회할 일을 만들고 싶지 않아
더욱더 단단히 현실을 붙잡고, 함께 꿈을 꾸었다.

＊

끼리끼리.

이 말의 무게는 결코 가볍지 않다.
누군가 자주 만나는 사람들을 보면, 그 사람이 어떤 모습으로
사는지 알 수 있다. 주변에 좋은 사람을 많이 두어야 하고,
우리가 살고 싶은 삶을 살아가는 사람들을 만나야 한다.
'근묵자흑'이라는 말은 꼭 사람들과 관계를 맺는 데만
해당하지 않는다. 책을 통해서 영향을 받을 수 있고
영상을 보면서 실천법을 기를 수도 있다.

물론 나 자신이 스포트라이트를 받지 못할 수도 있다.
인생에서 때로는 주인공이 아닌
조연으로 머무는 순간도 있다.
주인공 곁에 서서 그림자처럼 살아가는 시간이

길게 느껴질 때도 있을 것이다.

하지만 누구도 영원히 조연으로만 머무르지 않는다.

그 시간은 성장과 준비의 과정일 뿐, 결국 누구나

자기 인생에서 주인공이 되는 순간이 찾아온다.

주인공이 되고자 한다면, 지금 편안함에 머무르며

누군가에게만 기대는 삶에 너무 안주하지 말아야 한다.

당장의 작은 위안은 기분 좋을지 몰라도,

긴 인생을 놓고 보면 진정한 발전과

성장을 위한 시간이 아닐 수 있다.

자신의 꿈과 목표를 향해 꾸준히 나아가는 것이

진짜 의미 있는 삶의 길임을 잊지 말자.

우리는 결국 잘될 것이다

※

독일에서 석사 공부가 끝나가던 시절,

그야말로 물도 살 수 없는 지경이 되었다.

본가에서는 이제 더는 경제적 지원이 힘드니

한국에 돌아오라고 했다. 독일에서 일하고 싶은데

일은 구해지지 않고 먹고살 돈도 없고…….

정말 막막했다.

우울감에 젖어 들어가던 어느 날,

나는 나에게 이야기를 건넸다.

"괜찮아! 정나래, 이제 진짜 혼자 한번 살아 보자!

지원받을 생각 말고 내가 돈을 벌어서

가족들에게 힘이 되자!"

그러고는 한국에서 돈이 들어오던 체크카드를
댕강 잘라 버렸다. 카드를 자르니, 정말 단절이었다.
이제부터 내가 직접 벌지 않고는 생존이 어려웠다.
다행히 작은 편의점에서 아르바이트하는
친구들의 추천으로, 나도 작은 편의점에서
일을 시작하게 되었다.
당장 끼니를 해결할 만한 용돈 정도는 벌 수 있었지만
오래 지속할 수 있는 일자리는 아니었다.
일자리 정보들을 모으던 중, 인근 초등학교에서
음악 교사로 일하는 친구를 만나 물어보았다.

"너 지금 음악 선생님으로 초등학교에서 일하잖아.
어떻게 일하게 된 거야?"

그 친구를 통해 나는 초등학교 음악 교사가 되는
정보를 얻고 교육을 받게 되었다.
편의점에서 일하는 틈틈이 공부하면서, 독일 초등학교에서
음악 선생님으로 일할 수 있는 준비를 마쳤다.
얼마 뒤 지역 합창단을 운영하는 또 다른 친구가

다른 도시로 떠나면서 나더러

합창단 지휘를 맡아 보지 않겠느냐고 제안해 주었다.

이를 계기로 나는 할머니 할아버지 합창단

지휘자로 활동을 넓혔고,

하나둘 일의 영역이 확장되어 지금 이 자리에 이르렀다.

＊

인연이라는 게 때로 참 신기하다.

편의점에서 일하는 친구를 만나니

편의점 아르바이트가 들어오고, 식당에서 일하는

친구들을 두니 식당 아르바이트가 들어오고,

선생님으로 일하는 친구들을 만나니 선생님으로

일할 방법들이 보이고, 극장에서 노래하면서

일하는 친구들과 어울리니 극장에서

일하는 방법들이 보이고…….

어떤 인연도 소중하지 않은 적이 없었다.

주변을 되돌아보았을 때, 인연을 통해 새로운 물꼬가 트이고

길이 열리는 순간이 참 많았다.

그리고 얻은 교훈. 내가 잘되려면, 주변 사람들이

잘되어야 하는구나. 내가 잘되어야,

주변 사람들이 잘되는구나.

좋은 기운은 서로 통한다.

좋은 마음은 서로에게 도움이 된다.

주변 사람들에게 좋은 일이 생기면 마음 다해 축하해 주길.

질투하고 시샘하기보다 진심으로.

3장

그쪽이 아니면
저쪽으로, 너의 답을
찾아가

사소한 계획을
실천하는 생활

1 잠들기 전 휴대폰 보지 말기, 일어나서 휴대폰 바로 만지지 않기

2 물 1리터씩 마시기

3 30분 작정 기도하고 1시간 수영 가기

4 영어 단어 5개씩 외우기.

5 일어나서 하루의 계획을, 자기 전에는

하루를 돌아보는 글 한 줄씩 쓰기.

6 밤 11시에 잠들기.

성취감은 작은 실천에서부터 시작되니까.

너무 절실하면
꿈속에도 나타나

*

"어떻게 하면 독일어를 잘할 수 있나요?"

어느덧 독일에 산 지 7년이 넘어간다.
독일 사람들과 대화가 유창하게 되는 편이지만,
그래도 나는 독일어 과외를 매주 두 번씩 온라인으로 받으며
독일어 공부을 꾸준히 하고 있다.

독일에 와서 음대를 다니던 시절, 독일 선생님에게
굉장히 무시를 당했던 일이 있다.
문제는, 무시를 당한 그 자체가 아니었다.
그분의 지적이 왜 부당한지 단 한마디 대꾸조차
할 수 없는 형편없는 나의 독일어 실력이 문제였다.

언어가 되지 않아 의사를 표현할 수 없다니.

언어 실력이 부족해서 나를 지키지 못한다는 사실에

너무나 충격을 받았고, 동시에

독일어 공부를 더 열심히 할 동기가 생겼다.

독일에서 독일어를 잘하려면 어떻게 해야 할까?

답은 단순했다. 독일어를 많이 쓰면 되는 일이었다.

독일 사람들과 어울리는 파티에 자주 참석했고,

거의 매주마다 한국 음식을 만들어 홈파티를 주최했다.

한국 음식을 소개하고 한국과 독일 사람들의

장을 만들며 자연스럽게 언어를 익히고

소통하는 환경을 꾸렸다.

*

독일어를 잘하고 싶다. 정말 잘하고 싶다.

날마다 머릿속으로 독일 사람들과 대화하는 상상을 하며

잠이 들었다. 어느 날 아침,

독일에 놀러 온 동생이 나에게 말했다.

"언니, 잠꼬대한 거 알아? 자면서도 독일어를 하더라.

게나우! 게나우!(Genau! Genau!) 하는데 마음 아팠어.

완전 독일어에 빠져 있구나 싶어서."

그래도 이렇게 언어에 미친 덕분에 남들보다

좀 더 능숙하게 독일어를 익힐 수 있었다.

더는 언어의 벽을 느끼지 않고 독일 친구들과

대화를 나누며 우정을 쌓았다.

나중엔 교내 통역사로도 적잖이 섭외되었다.

뭔가를 이루고 싶으면 한번은 미쳐야 한다.

너무 절실해서 꿈속에도 나타날 만큼.

단원들의 이름을 수업 때 직접 부르는 이유는,
이름을 부를 때마다 너희와
더 가까워지는 걸 느끼기 때문이야.
관계를 쌓아 가는 나의 첫걸음이기도 하고.
물론, 내 한국 이름도 너희에게 낯설 테지.
그래도 서로 이름을 부르며
알아 가는 과정이 너무 소중하단다.

이름은 우정을 향한 첫 걸음이야.
Ein Name ist der erste Schritt zur Freundschaft.

다른 사람들의 말에
휘둘리지 말자

＊

대학에 입학하고 성악을 전공하면서 했던

제일 큰 실수는 다른 사람들의 말에 휘둘린 것이었다.

성악에서 발성은 정답이 없고, 그래서 여러 방법이 있다.

하지만 대학교 1학년 시절 실력이 엄청난 성악가들에 치여,

저 발성도 맞는 것 같고 이 발성도 맞는 것 같은데, 하며

우왕좌왕했다. 이러저리 남의 말에

귀 기울이다 나만의 발성을 찾지 못했다.

가르쳐 주는 선생님을 믿고, 나 자신을 믿어야 하는데,

잠시 스쳐 지나간 다른 선생님의 발성이 좋게 느껴져서

이 사람 저 사람의 발성법에 휘둘리고 말았다.

결국 나만의 소리를 찾지 못한 채

실기 성적이 점점 떨어졌다.

심지어 나는 노래를 좋아하고 잘하지만,

이것으로 최고가 될 수 있을까 의심하기도 했다.

나 자신을 믿지 못하는 크나큰 실수를 하게 된 것이다.

＊

그 시간을 통해 큰 배움을 얻었다.

내 인생을 살아가는 주체는

타인이 아닌 바로 '나'라는,

인생에 가장 분명한 사실 말이다.

다른 사람들의 말에 휘둘리다가 내 것을 놓치면 안 된다,

누가 뭐라 해도 나의 테크닉은 내가 믿어야 한다.

강점을 버리고 새로움을 채우려 하지 말자.

스스로 부족한 부분이라고 여겨질 때 비로소

사람은 발전할 수 있다. 독일에서는 대학 때의 실수를

반복하지 않기 위해 나의 노래와

지휘 테크닉에 더욱더 집중했다.

살다 보면 다른 사람에게 이래라저래라

참견하는 이들을 만나게 된다.

그들의 특징은 자기보다 남한테 더 관심이 많다는 점이다.

관심사가 온통 밖으로 향해 있으니

그 자신의 삶은 얼마나 공허할까.

그러니 시기와 질투가 항상 맘속에 고여 있는 것이겠지.

나의 강점은 내가 가장 잘 안다.

나를 위한 자리

*

"나래야, 도르트문트에 있는 합창단에서

부지휘자 대타를 찾는대."

처음 그 소식을 전해 들었던 날이 아직도 생생하다.

내가, 독일어로, 어린이 합창단을 이끌 수 있을까?

설렘과 두려움이 동시에 나를 감싸 오던 순간.

그러나 간절한 바람이 두근두근 피어나던 순간.

독일 합창단에서 일하려면, 다른 합창단에서는

어떻게 수업을 하는지 알아봐도 좋겠다는 생각이 들었다.

그래서 여러 지휘자들을 찾아다니며

조언을 구했고 청강을 했다.

청강하는 동안 떠오르는 아이디어는

잘 메모해 두었다가 집에 와서 따로 연습도 했다.

오디션과 면접에는 자신감이 있었지만

두려움을 숨길 수는 없었다. 나는 두려움을 이겨 내기 위해

독일어로 수업할 내용을 미리 준비했다.

자, 서서 노래하자, 숨을 깊이 내쉬자.

잘했어. 여기서는 이렇게 노래해 볼까.

며칠이 지나 면접 날이 다가왔다.

세 분의 선생님이 심사를 보았는데, 합창단 아이들에게

직접 일대일 수업을 하고, 지휘자로서 합창 연습을

45분씩 진행하는 방식이었다.

당연히 독일어 면접도 이어졌다.

항상 하던 일인데도 독일어 수업이며 면접이며

참 많이 떨렸던 날이다. 다행히 나는 부지휘자 대타 자리에

합격을 했다. 이후 부지휘자 선생님께서 함부르크에서

오시지 못할 때마다 가서 아이들을 가르치고

지휘할 기회를 얻었다.

*

다만 부지휘자 선생님의 스케줄이 워낙 일정치 않아

나는 언제나 '대기조'였다.

당시 나는 합창단이 있는 도르트문트가 아닌,

40분 정도 떨어진 에센이라는 곳에 살았다.

선생님이 올지 안 올지 연습 당일이 되어야 알 수 있기에,

합창단 연습 시간에 맞춰서 늘 도르트문트에 미리 가 있었다.

선생님이 안 오시면 내가 수업을 하고,

오시면 나도 가서 배운다는 생각으로 늘

대타 자리에 가 있었다.

어떨 땐, 선생님이 오시는지 안 오시는지 궁금해서

함부르크에서 도르트문트에 오는

기차가 정상적으로 출발했는지 열차 상황을

실시간으로 찾아보기도 했다.

그렇게 항상 자리를 지키다 보니 합창단 아이들과

자연스럽게 가까워졌고 동료들에게도

좋은 평가를 받게 되었다.

이후 나는 자연스럽게 여러 공연에서 지휘를 맡았다.

학부모님들에도, 제자들에게도 당연히 곁에 머무는
선생님으로 인정받아 부지휘자의 자리에
정식 채용되었다.

꾸준함이 능력을 이겼고, 꾸준함이
능력을 넘어설 수 있도록 이끌었다.
매 순간 최선을 다하고 집중하다 살다 보니……
지금 나는 독일 도르트문트 청소년 합창단의
전임 지휘자로 활동하고 있다.

천 개의 바가지를 닦으며

스무 살, 대학생 때 일이다.

동요 레슨을 시작한 처음에는 당연히 학생들이 많지 않았다.

다섯 명 정도로 레슨을 했는데.

아이들을 가르치고 학부모님들과 대화하고

무엇보다 서울에서 생활하는 자체가 힘들었다.

어릴 적부터 꿈꾸던 삶이었는데도 막상 현실이 되니,

빠듯한 월세와 고단한 일상이 자꾸 나를 지치게 했다.

다른 직업을 가지면 어떨까.

다시 고향에 내려갈까.

엄마 품, 엄마 집, 엄마 밥이 너무 그리워.

무작정 다시 집으로 내려간 나는 큰삼촌이 운영하는

목욕탕에 가서 바가지 청소를 했다.

＊

셀 수 없이 많은 바가지를 닦으며 나는 무슨 생각을 했던가.

모으고 닦으면 또 나오고, 다시 나오고, 쉴 새 없이 나오는

바가지를 정리하면서 나는 '일'에 대한

근본적인 깨달음을 얻었던 것 같다.

일이라는 것은 절대적이지 않다.

누구에게나 '천직'이 있을 수 있고, 아무리 쉬워 보여도

결코 쉽게 느껴지지 않는 힘든 일이 있다.

어떤 이들에게는 피아노 치고 노래를 가르치는 일보다

바가지를 닦는 일이 더 편하게 여겨질 수 있겠지만

모두에게 그렇지는 않다. 단순한 일도,

어려운 일도, 사람마다 느끼는 게 다르고 상대적이다.

묵묵히 바가지를 천 개 넘게 닦고 나서

나는 서울로 올라갔다. 아무 일 없었다는 듯

다시 피아노 앞에 앉았지만, 왠지 예전과 조금

달라진 느낌도 들었다. 물집 잡힌 나의 두 손이

건반 위에서 더욱 빛나고 있었기 때문이다.

공부도 습관,
실천력도 습관

공부를 좋아하는 사람이 얼마나 될까.

나도 텔레비전을 보거나 침대에서 휴대폰을 보며

누워 있고 싶은 날이 많다.

하지만 10분, 20분 하루에 잠깐씩이라도

공부하는 계획을 설정하고 지키려고 노력한다.

작심삼일을 지나 1주일, 2주일, 한 달 넘게 계속하다 보면

정말 신기하게도 '안 하면 왠지 허전한' 마음이 든다.

가랑비에 옷 젖듯, 습관으로 스며든 것이다.

공부도 습관이고, 실천력도 습관이다.

어렸을 때는 집에서 공부가 잘되지 않았다.

공부하려고 독서실을 등록하고 돈을 썼다.

지나고 보니 집에서 공부가 안 된 이유는

환경 때문이 아니었던 것 같다.

집에서는 내가 공부할 습관이 다져져 있지 않아서였다.

책 읽는 습관도 마찬가지다. 평소 책을 잘 읽지 않는

사람들에게 집중해서 한 권을 다 읽으라고 하면

대부분 중간에 포기하고 만다.

혹은 꾸역꾸역 한 권을 겨우 다 읽고 다시는

책을 쳐다보지 않을지도 모른다.

책도 한 번에 다 읽을 필요가 없다.

신문이든 시집이든 에세이든 관심 있는 분야의 글을

매일 조금씩 읽는 습관을 들이면 좋을 것이다.

한 줄이라도 괜찮다.

소나기는 강력하지만 잠깐이고,

가랑비는 잔잔하지만 오래 머문다.

가랑비처럼 생활 습관을 들여 보자.

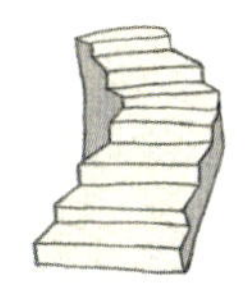

만약 무대에서 실수를 하더라도 절대 티 내지 마.
너희가 티를 안 내면 아무도 모르거든. 정말로 아무도 몰라!
생각을 떨쳐 내고 계속 노래하자.

작은 실수 때문에 집중력이 흔들리면 안 되잖아.
우리는 노래가 끝날 때까지 노래에만 집중해야 해.

집중!
Konzentration!

잠은 보약이 맞다

평소에 규칙적으로 잠들고 일어나려고 하는 편이다.

하루 7시간의 수면을 지키는 게 좋다는 연구 결과를 보고

밤 11시에 잘 때는 6시에 일어난다.

12시에 잘 때는 7시에 일어난다.

나의 아침 루틴은 늘 비슷하다.

기상, 기도, 운동, 독일어 과외, 출근,

독서, 레슨과 합창단 수업.

매일 똑같은 일상이지만

이 루틴이 탄탄한 기본이 되어 준다.

아무리 바빠도 무리해서 밤을 새지 않는 것도

그러한 이유에서다. 7시간의 수면이 지켜지면,

다음 날 컨디션이 잘 유지된다.

지금의 내가 만들어지고, 미래의 내가 만들어지는 시간.

잠자는 시간은 결코 아깝지 않아야 한다.

너무 소중한 휴식이자 보충이다.

겸손한 자신감,
미소 짓는 성공

＊

앞에서도 잠깐 이야기했듯
사실 독일에서 나의 첫 합창단은 청소년 합창단도,
어린이 합창단도 아니었다. 펠베르트라는 작은 도시의
실버 합창단이었다.

내가 살던 에센 근처 도시인 펠베르트시에서
합창단 지휘자를 뽑는다는 공고를, 네덜란드 친구를 통해
알게 되었다. 당시 독일어를 썩 잘하지 못했던 나는
지원을 할까 말까 잠시 고민했지만,
'먹고사니즘'이 용기를 북돋아 주었다.
전공으로 아르바이트를 하며 생활할 수 있기를 바랐기에
일단 해 보자, 하는 마음으로 지원했고

면접을 위해 한달음에 달려갔다.

떨리는 마음으로 합창단 면접을 했던 날.

웃으며 자기소개를 하는데 입가에 경련이 날 것처럼

어찌나 떨렸는지…….

그래도 최대한 자신감 있게 장점을 어필했다.

"많은 분들이 면접을 위해 다녀가셨죠?

여기 할머니 할아버지들이 친절하시다는 소문이

근처 도시 에센까지 났더라고요.

한국이라는 나라 아시나요?

저는 전 세계에서 열심히 사는 걸로 유명한,

열정의 나라 한국에서 왔어요.

지금 독일에 온 지 딱 2년째입니다.

전공 실력은 20년인데,

아직 언어가 두 살밖에 되질 않았어요.

그래서 여러분이 저를 부족하다고 느낄 수도 있습니다.

하지만, 저랑 일 년 연습하시면 찡그렸던

얼굴 주름이 펴질 거예요. 마음과 소리는 마치

보톡스 넣은 것처럼 아주 팽팽해지실 거라고 믿어요!"

문법도 단어도 참 많이 틀리면서 이야기했다.

언어가 되든 말든 일단 진심이 통하면 되지 않을까, 싶었다.

잘못된 문법은 있어도 잘못된 진심은 아니었으니까 말이다.

합창 발성에 대한 테크닉은 이미

많이 연구를 해서 자신 있었다.

단원분들과 노래를 부르고 피아노를 치며 함께하는

리허설 면접 또한 정성을 다했다.

*

면접을 마치고 돌아온 저녁에

담당자로부터 메시지가 왔다.

"나래 지휘자님, 우리는 당신이 마음에 들어요.

당신에게는 자신감이 넘치고 그 안에 겸손함이 있어요.

우리에게 하는 이야기들이 거만하거나

거북하게 들리지 않아요.

당신의 겸손한 자신감이 참 매력 있네요.

물론, 네…… 당신의 독일어는…… 아직 부족해요.

하지만 당신의 미소와 열정이 이를 덮어 줍니다.

추가로 몇 분 더 면접이 진행될 예정이므로

일주일 뒤에 다시 연락드릴게요."

*

합창단은 팀워크가 중요한 일이고,

지휘자는 많은 사람을 이끌어야 하는 리더다.

시간이 지난 지금의 나는 심사위원으로 참석하는 일도

종종 생긴다. 최근에도 독일 어린이 합창단과

청소년 합창단이 속해 있는 합창 학교에서

선생님 면접이 있어 심사를 보게 되었다.

나를 포함한 심사위원 전원은 외모나 스펙이

아무리 뛰어나도 태도가 좋지 않으면 쉽게 뽑지 않는다.

사람들은 긍정적이고 좋은 태도를 갖춘 사람과

함께하려 하고, 공동체를 존중하는 이를

선정의 우선순위에 둔다. 때로는 실력 있고

거만한 사람보다는 자격 요건이 조금 부족해도

태도가 좋은 사람이 뽑히기도 한다.

물론 실력이 없는데 사람만 좋다고 뽑을 수는 없다.

하지만 실력이 엇비슷하다면, 긍정의 에너지를 주는

첫인상에 좀 더 마음이 간다.

＊

자, 다시 지난날로 돌아가서……

면접의 결과는 어떻게 되었을까.

합격!

합격이었다. 할머니 할아버지들이

제일 기억에 남는 지휘자로 나를 택하셨다고 했다.

다시 만나고 싶은 사람이었다고.

다시 연락을 준 담당자의 말이 여전히 생생하게 떠오른다.

"정나래 지휘자님, 당신은 합격입니다.

당신의 독일어 때문에 고민을……

조금도, 조금도 하지 않았어요.

당신이 두고 간 미소가 우리 마음에 남았습니다.

당신의 긍정적인 에너지와 자신감이

당신의 독일어를 완벽하게 이해하게 했답니다.

다음 주부터 출근해 주세요.

당신을 지휘자로 모실 수 있어 고맙습니다."

눈을 크게 뜨고, 자신감 있게 허리를 곧게 펴고,

먼저 인사해 보자! 웃는 사람을 볼 때 행복한 것처럼

나부터 미소를 지어 보자.

미소 짓는 마음이 미소 짓는 성공을 불러일으킨다.

오늘은 합창단 전체를 위해 개개인이 중요하다는 점을
강조하고 싶어. 각자의 고유함이 합창이라는
'균형'에 잘 녹아들어야 하잖아.
합창단에서 성부의 밸런스를 맞춰 가는 건
가장 중요한 핵심이야.

합창단에서는 성부의 균형이 하나된 소리의 열쇠란다.
Im Chor ist stimmliche Ausgewogenheit der
Schlüssel zu einem gemeinsamen Klang.

나를 믿는 마음

살아가다 보면

머리로는 잘 알면서도 자꾸 반복하는 실수가 있다.

내가 나를 믿지 못하는 것.

내가 나를 미워하는 것.

최고의 나만 좋아하지 말자.

최저의 나도,

보통의 나도,

흔들리고 쓰러지는 나도,

전부 다 아끼고, 좋아하고, 믿어 주자.

평생 나랑 지낼 사람은 나 자신이다.

죄책감 없이 쉬는 하루

그런 날이 있다.

머릿속에 브레이크가 걸린 것처럼
자꾸 일시정지 되는 날.

'휴식 시그널'이다.

좋은 잠을 자고,
좋은 음식을 먹고,
좋은 풍경을 바라보면서
쉬어야 하는 날이다.

제대로 쉬지 못하면
불만과 불안이 스멀스멀 마음속에 드리운다.

평소와 다르게 브레이크가 걸린다.

잘 쉬어야 좋은 생각이 난다.

단, 이때 중요한 점 하나.

'내가 지금 이렇게 쉬어도 괜찮나?' 하는 생각 금지!

지금 이렇게 쉴 자격, 충분하다.

나를 위해 쉬는 시간은 죄 짓는 게 아니다.

정말 괜찮으니까,

잠깐이라도 편히 쉬자.

다양하게 직접 겪어 보기

10대와 20대 시절,

나는 참 많이 방황하며 지내 온 것 같다.

호기심이 많은 만큼 성급하기도 했다.

무모한 도전이 이어질수록 좌절이 크기도 했다.

그래서,

이것저것 해 본 지난날을 후회하느냐고?

나의 대답은 No.

머리로만 생각하고 말았다면,

지금까지도 몰랐을 것들이다.

그때 해 보지 않았다면,

'미련'이라는 이름으로 남겨졌을 것들이다.

여기저기 직접 부딪히며 겪은 뼈 아픈 시간은
지금의 내게 보석으로 다가온다.

세상 하나뿐인 나만의 보석을 만드는 건데,
그 과정이 힘들지 않다면 거짓말이겠지.

틈새 시간 공략법

*

최근 독일 영주권을 취득하기 위해 시험 공부를 했다.

시험 문제는 총 33문항,

하나당 1점씩으로 33점이 만점이었다.

영주권은 12점, 시민권은 16점을 맞아야 했다.

어느 나라든 '시험 대비' 문제집이 있기 마련!

350개의 문항이 담긴 문제집을 집중해서 공부하면 되었다.

그중에 33개의 문제가 출제되기 때문이다.

시험 날까지 주어진 시간은 3주. 하지만 나는 매일

7시간씩 합창단 수업을 진행하고 있었다.

매주 일요일마다 공연이 있었고, 쾰른 대성당 초연도

얼마 남지 않은 시기였다. 한마디로, 공부할 시간이 없었다.

시험을 향한 의지는 높았지만, 진득하게
의자에 엉덩이 붙이고 앉아 있을 여유가 정말 부족했다.
하지만 계속 독일에서 살아가려면 영주권을 받아야 했다.

아침에 일어나면 일하고, 잠들기 전까지 일하고,
밥 먹는 시간 빼고 일하는 바쁜 날들인데, 어떻게
공부 계획을 짜면 좋을까.
나는 '틈새'와 '쪼개기' 전략을 세웠다.

먼저, 시험 대비 350개의 문항을 매일 30개씩 쪼개서
외우기로 했다. 자기 전에 30문항을 외우고,
다음 날 일정 중간중간마다 복습했다.
잠들기 전에 새로운 30문항을 외우고,
그다음 날 짜투리 시간에 복습을 했다.

화장실 갈 때나 공연장으로 이동할 때,
잠깐 음식을 기다리는 타이밍도 허투루 보내지 않고
복습하고 또 복습했다. 그렇게 3주라는 시간 동안
350개의 문제를 머릿속에 단단히 입력했다.

※

결과는?

성공!

나는 33개 문제 중 32개를 맞았고,

무사히 영주권 시험에 통과했다.

사람이 원하면 안 되는 것이 없다.

단, 여기에는 전제가 있다.

'되게 만들어야' 한다는 사실이다.

무엇이든 저절로 만들어지는 것은 이 세상에 없다.

단 5분, 10분이라도 차곡차곡 모이면 5시간,

100시간이 된다.

시간은 없는 것이 아니라

'만들어 내는' 것이었다.

지금이 가장
좋은 시기

친구들과 자주 나누는 대화 중 빠지지 않는 말.

"나 요즘 너무 살쪘어."

근데 인생이라는 게 참 희한하기도 하지.
좀 더 시간이 흘러 지금을 되돌아보면,
'오, 나 이때 괜찮았네.' '생각보다 날씬했는데.' 싶어진다.

그러면서 친구들과 또다시 주고받는 말.

"나 요즘 늙었지."

나중에 시간이 더 흘러 이때를 되돌아보면,

'오, 나 이때 어렸네.' '생각보다 풋풋했는데.'
또 그럴 거면서.

그러니까,
오늘의 내가 제일 예쁘고
오늘의 내가 제일 젊고
오늘의 내가 제일 빛나고 있다는 사실을 잊지 말기.

지금은 지금 한 번뿐이고,
가장 좋은 순간이니까.

잠재력은
시련에서 온다

그런 마음이 들 때가 있다.

남들이 나보다 한참 앞서가고 있다고 느껴진다.
나쁜 일은 다 나한테 몰려 있는 것 같다.

나는 행복보다 불행이 더 익숙한 사람 같아서,
즐겁고 기쁜 순간이 오히려 불안하다.

지금 행복을 누리면 나중에 이보다 더 큰 불행이
다가올지 모른다는 생각이 들고,
어쩌면 내겐 그게 당연할 수 있다고 여겨진다.

*

그런 마음은

잘하고 싶은데 생각만큼 잘되지 않을 때,

자꾸 실패가 반복될 때,

내가 나를 믿지 못할 때,

언제나 제일 먼저 찾아온다.

시련 속에 머무는 나 자신을 한없이 자책하게 만들면서

나약하고 못나고 어리석은 나로 머물게 한다.

하지만 그런 마음에 갇히지 않으면, 시련은 힘을 얻는다.

한 번 더 해내고 싶은 용기에 가닿아 잠재력이 생긴다.

또다시 실패하게 되고

때로 내가 나를 의심하더라도

그런 마음에 지지 말자.

나는, 나의 속도로 나의 길을 잘 가꾸고 있다는 중이다.

이것이 내가 지닌 잠재력이고 능력이고 가능성이다.

너의 성공이 기뻐.

축하해!

Ich freue mich sehr für deinen Erfolg.

Herzlichen Glückwunsch!

4장

믿어 봐,
너는 너의 가장 큰
힘이야

작은 기쁨을
자주 수집하며

정신없이 하루를 지내다 보면

오늘 몇 번이나 웃었는지,

무엇 때문에 즐거웠는지,

나 자신을 돌볼 겨를이 없어진다.

그래서, 작지만 중요한 몇 가지 삶의 루틴을 만들었다.

별것 아닌 듯해도 일상에 필요한 것들.

잘 자고 잘 일어나고 잘 먹기.

열심히 일하고 열심히 즐기고 열심히 공부하기.

부지런히 운동하고 부지런히 놀고 부지런히 감사하기.

자주 웃고 자주 기뻐하고 자주 행복해하기.

소소한 기쁨을 차곡차곡 모으면서,

작지만 큰 하루하루를 살아가고 싶다.

148

정신없이 하루를 지냈더라도

오늘의 웃음과 즐거움을 떠올리며

넉넉한 미소를 짓고 싶다.

갖고 싶은 걸 생각하면 부족하지만,

감사한 걸 생각하면 마음이 채워진다.

짐을 많이 가지고
살지 말자

진주에서 서울로,

서울에서 독일로,

머무는 곳을 옮길 때마다 짐부터 줄였다.

꼭 필요한 것들만 남겨 두고

불필요한 것들은 미련 없이 정리했다.

움켜쥐고 있으면 내려놓기가 어려워진다.

미련을 가지면 자꾸 뒤돌아보게 된다.

덜어 내고 비울수록

진정 아끼는 것들을 더욱 소중하게 지킬 수 있었다.

**짐을 많이 가지고
살지 말자**

버티는 사람이
결국 이기게 되더라

누군가 내게, 인생에서 가장 자랑스러웠던 순간이

언제였냐고 묻는다면?

대학에 합격했을 때, 독일에서 석사를 졸업했을 때

그리고 독일 합창대회에서 1등을 했을 때가

가장 먼저 떠오른다.

하지만 곰곰 시간을 되새겨 보면,

스스로 나를 가장 많이 칭찬하고

자랑스러워했던 순간은 따로 있다.

바로, 낯선 독일에서 내가 직접 번 돈으로

첫 차를 샀던 순간이다.

비록 나보다 한 살 많은 1987년식 고물차였지만,

그 작은 차 한 대는 단순한 탈것이 아니었다.

'아, 나도 이곳에서 내 힘으로 살아갈 수 있겠구나.'라는

희망과 자신감을 심어 준 증거였고,

내 인생에 단단한 이정표가 되어 주었다.

그때 나는 처음으로 이렇게 느꼈다.

"견디는 자에게는 반드시 봄이 온다.

지금은 겨울 같아도, 끝까지 버티는 이만이 꽃을 본다."

포기하지 않았고 멈추지 않았기에 가능한 일이었다.

그러므로

지지 말기로 한다.

겨울이 지나면 봄이 오고 꽃이 피기 마련이니까.

세상은 결국 버틴 사람이 이긴다.

꿈을 바꿔도 괜찮고,
꿈이 달라져도 괜찮다

성악을 하던 내가 합창 지휘자로 직업을 바꿨다.
어린 시절부터 줄곧 꿈꿔 왔던 길을 내려놓고
새로운 길을 선택하는 데 큰 용기가 필요했지만,
돌이켜 보니 내 인생에서 가장 잘한 선택이었다.

그때 그 선택 덕분에 결국 나는 나만이 할 수 있는,
내가 가장 잘할 수 있는 무언가를 찾을 수 있었다.
그리고 지금 그 길 위에서 내 분야의
최고가 되기 위해 나아가고 있다.

성공은 단순히 꿈을 좇는 데서 오는 게 아니다.
잘하는 것을 미친 듯이 사랑할 때 성공이
자연스럽게 따라온다.

"하고 싶은 게 바뀌었는데, 그래도 괜찮을까요?"
"지금 와서 꿈이 달라졌는데, 잘할 수 있을까요?"
"나중에 이 결정을 후회하진 않을까요?"

나의 대답은 언제나 정해져 있다.

"괜찮고말고. 넌 충분히 잘할 수 있어."

꿈을 바꿨다는 것이 포기를 의미하진 않는다.
기나긴 생에 몇 번이고 다시 꿈꿀 수 있고,
꿈이 변하기도 하고, 오직 그 하나만 바랐던 방향이
순식간에 틀어지기도 한다.

아무런 시도 없이 막연하게 시간을 흘려보내는 것보다
모색하고 모험하고 부딪히고 깨지면서 직접 꿈을 향해
달려가는 것이 더 낫다.

실패도, 꿈의 변화도, 언제나 더 큰 나를 위한
용기 있는 결정을 이끄므로.

하루하루 달라지는 합창단의 소리.

한 걸음씩 나아가며 완성되어 가는 화음.

소리도 둥글게, 마음도 둥글게,

같이 성장하면 좋겠어.

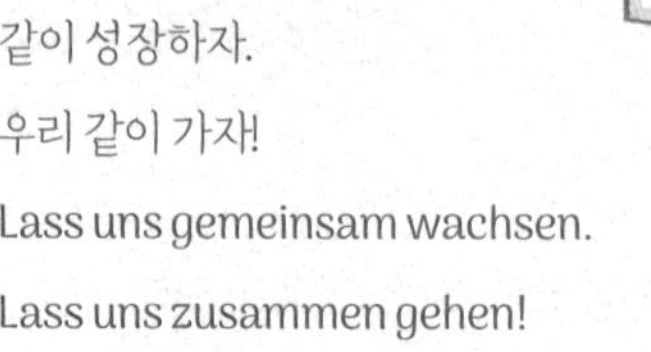

같이 성장하자.

우리 같이 가자!

Lass uns gemeinsam wachsen.

Lass uns zusammen gehen!

부정보다 긍정으로
나아가기

*

감사하게도, 살아오면서 나와 함께 걸어 온

좋은 친구들을 많이 만났다. 내가 힘들 때 그들은 나를

위로했고, 내가 기쁠 때 함께 웃어 주었다.

때로는 아무 말 없이 묵묵히 곁을 지켜 주기도 했다.

그저 곁에 있다는 이유만으로

나를 살아 있게 해 준 이들이었다.

"내 몸은 지난 5년간 내가 먹은 것의 결과이고,

내 마음과 정신은 지난 2년간

내가 읽은 글과 들은 말의 결과다."

라고 누군가 말했다. 그 말을 듣고는 나도 모르게

고개가 끄덕여졌다. 그리고 덧붙이고 싶은 말이 떠올랐다.

"내 삶의 방향은, 가장 많은 시간을 함께 보낸

사람들의 얼굴을 닮아 간다."

사람이란 신기한 존재라서, 가까이 있는 사람의

좋은 점을 닮지만 나쁜 점도 무척 쉽고 빠르게 닮는다.

처음엔 조심스러워하던 말투나 태도도,

자주 듣고 마주하다 보면 언젠가

나도 모르게 내 것이 되곤 한다.

생각이 바뀌고, 태도가 변하고, 결국 삶이 달라진다.

＊

그래서 나는 의식적으로 노력한다.

닮고 싶은 사람 곁에 있으려고,

좋은 에너지를 나누는 사람들과 시간을 보내려고,

부정적인 말보다 희망을 이야기하는 이들과 대화하려고.

그래서일까, 내 주변에는 긍정적이고

진취적인 친구들이 많다.

주저앉기보다 다시 일어설 방법을 먼저 찾는 사람들.

문제 속에서 기회를 보는 눈을 가진 사람들.

그들과 함께 있으면 나도 모르게
좀 더 나은 사람이 되고 싶어진다.

어느 시인은 이렇게 말했다.
"나방을 따라가면 불속에 들어가고,
나비를 따라가면 꽃 속에 들어간다."

인생도 그렇지 않을까.
누구를 따라가느냐에 따라,
어디로 향하느냐에 따라,
우리가 도달하는 풍경은 너무 다르다.

지금 나와 함께 걷는 이들이 내 삶의 꽃길이 되기를,
나 또한 누군가의 꽃이 되기를,
그렇게 우리가 함께 만들어 갈 이 길이
더욱 빛나고 따뜻하기를.

아끼면 후회되고,
표현하면 기적이 되는 일

*

어렸을 때는 아빠가 참 미웠다.

사람들 사이에서 왠지 모르게 주눅 들어 있고,

뭔가 부족해 보였던 사람이 우리 아빠였다.

어린 마음에는 그게 다 아빠의 '무능력' 때문인 것 같았다.

그래서 미웠다.

사랑보다는 원망이 먼저였다.

시간이 흘러 이제 나도 자랐고,

내가 자란 만큼 아빠도 나이가 들었다.

갑작스레 암 진단을 받아 수술을 하시고,

예전 컨디션을 회복하지 못한 채

아빠가 점점 쇠약해지던 어느 날……

아무래도 이대로 독일에 있으면 안 될 것 같았다.
당장 아빠를 보러 한국에 들어가야겠다는 결심이 섰다.

※

"아빠, 병간호하러 갈게요."

그때 전화기 너머 아빠가 이렇게 말씀하셨다.

"나래야…… 내가 무슨 면목으로 너한테 간호를 받겠니.
아빠가 능력이 없어서… 정말 미안하다."

그 순간, 그 한마디에 무너지고 말았다.
나는 어떤 말도 하지 못하고 터져 나오는 울음을 참으려
간신히 애를 썼다. 아빠 혼자 그동안 얼마나 힘드셨을까.
평생 마음속에 품고 살았을, 자식을 향한 그 죄책감이,
말 한마디에 다 담겨 내게 전해져 왔다.

사랑한다고, 괜찮다고, 수고 많으셨다고……
지금껏 하지 못한 수많은 말을,

한국 가는 대로 직접 뵙고 말해드리고 싶었다.

전화로 온전히 가닿지 않을 나의 마음을,

아빠 손을 잡고 아빠 눈을 바라보면서,

한 글자도 빠뜨리지 않고 전해드릴 생각이었다.

그런데……

아빠는 내가 한국으로 가는 비행기에 타고 있던 그때,

조용히 눈을 감으셨다. 나는 아빠에게 단 한마디,

"사랑해요."라는 말을 전해드리지 못했다.

＊

이후로 나는 아빠를 매일 떠올린다.

마음속으로 백 번, 천 번 말한다.

"아빠…… 사랑해요."

아빠가 살아계실 때 전해야 했던 말이다.

그래서, 달라지기로 했다.

남편에게, 엄마에게, 여동생과 가족들에게

나는 자주 사랑한다고 말한다.

보고 싶다고 말한다.

미안하다고, 고맙다고 말한다.

왜냐하면 이제는 안다. 사랑은 아끼면 후회가 되고,

표현하면 기적이 된다는 걸. 그 짧은 한마디가 누군가를

살릴 수 있고, 서로의 마음을 잇는 다리가 될 수 있다는 걸.

그러니 오늘, 지금, 사랑하는 사람에게 말해 보자.

"사랑해요."

"고마워요."

"당신은 나에게 소중해요."

지금이 아니면 영영 전할 수 없을지도 모르는 말이다.

미래의 나에게
가까워지는 시간

어제는 지나간 '오늘'이다.

내일은 아직 오지 않은,

미래에서 나를 기다리는 '오늘'이다.

바로 지금의 '오늘'은

작년 이 시점에서 바라보면 미래의 시간이고,

내년 이 시점에서 돌아보면 과거가 된다.

올해의 나는

지나온 나로부터 만들어졌고,

내년의 나는 지금의 시간을 통해 다듬어질 것이다.

과거 없는 오늘 없고, 오늘 없는 미래는 없다.

그러므로 멋진 미래를 꿈꾼다면 바로 여기의

'오늘'을 의미 있게 살아야 한다.

이것이야말로

미래의 나에게 가까워지는 가장 명확한 해법이다.

경쟁 팀을 생각하면
두렵거나 걱정되는지 궁금했구나?
전혀 두렵지 않아.

사실 나는 경쟁 팀을 생각할 여유도, 시간도 없어.
그 시간에 너희에게 더 집중하고 싶거든.
다른 사람이 잘하고 말고는 중요하지 않단다.

상관없어.
Es ist egal.

꿈을 지지해 주는
'진짜' 나의 편

승자는 세 가지를 몰고 다닌다고 한다.

질투하고 시기하는 사람,

삶을 그냥 구경하는 사람,

꿈을 응원하고 지지해 주는 사람.

그중에 가장 고약한 관심은,

시기하고 질투하는 사람들에게 있다.

그들 또한 누릴 만큼 누리고 산다.

딱히 본인이 적게 가져서 그런 게 아니다.

다만 본인 손에 쥔 것은 제대로 보지도 않고,

다른 사람이 무엇을 쥐고 있는지

사사건건 염탐하며 비난거리를 찾는다.

어찌 보면 누군가를 시기하고 미워하는 마음도 습관이다,
몹쓸 습관.
그런 이들을 향해 그냥 농담이겠거니 배시시 웃어 주고,
내키지 않아도 최선의 친절을 베풀면서,
'같이 사는 인생인데, 좋은 게 좋은 거지.'
애써 노력하진 않았는지.

잘될 때 같이 기뻐하고
나의 꿈을 지지해 줄 수 있는 이들이
진짜 내 사람들이더라.

그러므로 고약한 이들에게 베풀 친절과 정성은 접어 두고,
'진짜 내 사람들'에게 아낌없는 애정을 주는 게 맞다.
어떤 상황에서든 든든한 내 편, 나의 진짜 사람들.

너는 어느 누군가의 꿈을
진심으로 지지해 주니?

너에겐 너의 꿈을 지지하는
진짜 편이 있니?

알고 있지?
함께라서 우리는 더 강하잖아.
Gemeinsam sind wir stärker.

중심을 지키는
몇 가지 방법

1 전날 상황에 따라 다음 날의 에너지가 달라진다.

항상 적당한 수면 시간을 지키려고 노력하자.

2 조용히 나에게 집중할 수 있는 새벽 기상의 뿌듯함을 놓치지 말자.

3 잠들기 전부터 깨어날 때까지 최대한 휴대폰을 멀리한다.

일정 시간 동안은 메시지, 유튜브, SNS를 일절 보지 말자.

4 내 인생의 주인은 나. 나에게 초점을 맞추어 하루를 시작해야 한다.

다른 사람들의 소식보다 나의 오늘을 먼저 만나려고 노력하자.

5 아무리 바빠도 잠들기 전 내일의 할 일을 기록하고,

계획하는 시간을 꼭 갖자.

6 세상의 기준에 휘둘리지 않기 위해, 매일 나를 써 내려가자.

7 할 게 많을수록, 시간이 없다는 생각이 들수록, 시간을 통제해 보자.

주도적으로 움직인다는 의지로 직접 시간을 관리하자.

좋아하는 일을
계속해 나가는 힘

※

직업을 단순히 업으로만 느끼지 않고

마음껏 즐길 수 있다는 건 인생의 큰 축복이다.

감사하게도, 나는 내가 돈을 벌기 위해

일하는 것을 잊어버릴 정도로 일 자체를 즐기며 산다.

수업료를 벌기 위해 합창단에 가기보다

아이들과 함께 노래하고 보낼 시간에

설레어하며 일하러 간다.

합창단 연습 시간 때는 시간이 어쩜 이렇게 빨리 지나가는지,

2시간이 2분처럼 느껴질 때도 있다. 직접 기획하고

진행하는 프로젝트를 위해 뛰어다닐 때는 마치

물고기가 물을 만난 듯 신나게 여기저기 뛰어다닌다.

＊

가끔은 눈에 핏줄이 터진지도 모르고
여기저기 다녔다가 내 얼굴을 본 사람들이 화들짝 놀라
몸 좀 챙기라며 걱정을 한 적도 있다.

이토록 진한 열정과 사랑을 쏟으며 내 일에 미쳐 살았고,
지금도 미쳐서 살고 있다. 덕분에 아무것도 없던 내가
이 자리까지 올라올 수 있었다.

다만 한 가지…… 돈을 잃으면 적게 잃은 것이고
신뢰를 잃으면 많이 잃은 것, 건강을 잃으면
다 잃은 것이라는 말처럼 진정으로 일을 즐기는 것은
내 몸을 챙기면서 일하는 게 아닐까 반성이 되기도 한다.

좋아하는 일을 계속하려면 '체력'이 필요하다.
일상의 기본기, 건강을 보살피면서 오늘도
열심히 일해 보자고 다짐한다.

삶의 모든 과정은
경험

과거의 몰입과 실행력이 현재의 나를 만들었고,

현재의 몰입과 실행력이 미래의 나의 위치를 만들 것이다.

작은 실행을 계속해 나가고,

성실하고 꾸준하게 쏟아부은 집중과 열정은

더 좋은 방향으로 삶을 이끌기 마련이다.

모든 과정이 경험이고,

모든 순간이 배움이다.

그러니 너무 무리한 욕심보다는

매일매일 최선으로 살아가는 수밖에.

무례함에 관한
짧은 생각

*

가끔 나에게 무례한 사람이 있을 때,
내 얼굴을 살펴보는 것도 방법이다.

나는 그 사람을 향해 어떤 표정을 짓고 있었나.
진정으로 웃고 있었을까.
나 또한 석연치 않게 대한 건 아니었을까.

*

살다 보면 나를 싫어하는 사람도 만난다.
모든 사람에게 사랑받을 수는 없다.

나를 싫어하는 사람에게

시간과 마음을 쓰느라 지치지 말자.

그 시간에 나를 믿으며 응원하고

좋아해 주는 사람에게 더 많이 웃어 주고,

더 깊이 사랑하자.

굳이 나를 힘들게 만드는 관계에

내 마음을 소모하지 않아도 괜찮다.

에너지는 아껴 써야 한다,

좋아하는 사람과 보내는 하루도 짧으니까.

햇볕이 빠를까,
바람이 빠를까

*

합창단을 통해 천 명이 넘는 세계의 아이들을 만났다.

이 모든 아이와 항상 좋은 하모니를 이뤘다면

거짓말일 것이다. 갈등도 많고, 어려움도 많았다.

합창단을 맡고 공동체 생활을 하면서 느낀 점은,

일대일로 만나면 이상한 사람이 없는데 그룹으로 만나면

꼭 문제적 인물이 튀어나온다는 사실이다.

그리고 여기에서 한 발 더 나아가 깨닫게 된 점.

잘못하고 있는 순간을 잡아서 혼내면 아이들은

바로 변명하고 방어하며 마음의 문을 닫아 버리는데,

많은 사건사고 중 잘했던 순간을 찾아 칭찬해 주면

긍정적으로 발전한다는 사실이었다.

사소한 일도 잘했다, 잘했다, 계속 칭찬했더니

정말이지 '칭찬 열매'를 먹고 자란 것처럼 상상을 초월하는

끈기와 열정을 지니게 된 아이들이 많았다.

*

세상에 칭찬을 좋아하지 않는 사람은 없다.

작은 칭찬이 하나둘 모이자 풍성한 긍정을 이루었다.

아이들의 마음을 열었고,

부정에 덧입힌 깊은 부정을 씻겨 주었다.

노력하면 결국 바뀌게 되는구나, 다시금 배운 시간이었다.

그 후로도 나는 단 한 명의 아이도

혼자라는 마음을 갖지 않도록,

모두에게 사랑을 주려고 노력한다.

*

나그네의 겉옷을 누가 먼저 벗기나 햇볕과 바람이

내기하는 옛이야기를 새삼 떠올려 본다.

바람이 빠를 거라고 예상했지만, 승자는 햇볕이었다.

나는 '햇볕' 같은 사람이고 싶다. 급하게 마음먹지 않고 싶고,

쉽게 아이들의 환심을 사고 싶지도 않다.

그런 마음은 금세 들통 날 테니까.

긍정적이고 밝은 에너지로 진심을 다해

웃는 사람이 되고 싶다.

천천히 오래 곁에 머무는 햇볕처럼.

시간에 따라
캐릭터가 달라졌다

청소년기의 나는 꿈꾸는 '몽상가'였고

20대 때의 나는 실패해도 포기 않는 '오뚝이'였으며

30대 지금의 나는 한곳에 열정을 쏟아붓는

'외골수'가 되었다.

어떻게 된 걸까?

마치 다른 사람이라도 된 것처럼,

나라는 사람이 확 달라진 걸까?

반은 맞고, 반은 틀리다.

10대, 20대, 30대 때 다른 모습처럼 보이지만 '원본'은 같다.

10대에도, 20대에도, 30대에도 늘 뭔가를 하며

열심히 살았던 '나'라는 원본은 달라지지 않았다.

물론 달라진 점도 있다. 같은 실수를 최소화할 수 있는
경험치가 쌓였으므로 10대 시절에 비해
조금 더 나아진 면이 있을 테다.
제대로 화장하는 법도 몰랐던 때에 비해 지금은 나에게
어울리는 멋스러움을 알고 있다.

10대, 무엇이든 꿈꿀 수 있는 시기.
20대, 하고 싶은 것을 아낌없이 시도해도 되는 시기.
30대, 나에게 잘 맞는 삶의 방향을 알아 가는 시기.

그렇다면 40대, 50대, 60대……
미래의 나는 또 어떻게 달라질까?

어떤 부분은 달라지고, 어떤 부분은 달라지지 않을
나의 모든 캐릭터를 즐겁게 기대해 봐야지.

함께하는 힘은 혼자서 이룰 수 없는
아름다움을 만들어 내.
내가 합창을 사랑하고,
합창단원인 너희를 아끼는 이유란다.

합창단은 서로의 목소리를 놓치지 않잖아.
함께 느끼고, 하나의 하모니를 이루는 공동체.
함께할 때 더 강해지는 우리가 우리라서,
나는 참 좋아.

우리가 우리여서 아름다워.
Es ist schön, dass wir wir sind.

아무리 좋아도
권태기는 찾아오더라

＊

권태기는 불현듯 찾아온다.

즐겁게 일하다가도 어느 순간, 이런 생각이 든다.

'다른 일을 하면 어떨까?'

'뭔가 더 잘할 수 있는 일이 있지 않을까?'

'정말 이 일만 해도 나중에 후회 없을까?'

'이렇게 살아가는 거, 괜찮을까?'

이 일에서 벗어나고 싶은 충동이 든다.

지금이 아니면 안 될 것 같다는 조급함에 다른 일을

모색하기도 한다.

＊

그러다 문득 깨달음을 얻었다.

권태기 없이, 제대로 일한다고 할 수 있을까?
권태기야말로 내가 이 일을 무지 열심히,
사랑하고 있다는 증표 아닐까?

힘들고 속상했던 감정들.
도망치고 싶었던 충동들.
울고만 싶던 순간들.

그 축적된 경험 덕분에 내가 잘하고, 평생 즐기면서
일하고 싶은 일이 무엇인지 더욱 선명하게 알아 갔다.
돌이켜 보니 내게 직업의 권태기는
성공의 나침반이 되어 주었다.

모든 사람에게 사랑받지 않아도,
모든 나를 내가 사랑할 수 있다

※

처음 독일에서 성악 클래스를 열었을 때는

아무도 내 수업에 오지 않으려 했다.

잠깐 배우다 나가는 아이들도 있었다.

하지만 지금은 들어올 자리가 없어서

대기하는 아이들까지 생길 정도가 되었다.

갑자기 기적이라도 일어난 걸까?

무엇이 이런 변화를 만들었을까?

※

독일어가 모국어인 아이들 앞에서 독일 노래를 가르치며

독일 발음, 독일 노래의 배경을 가르친다는 건……

솔직히 정말 쉽지 않았다. 아이들을 한 시간 가르치기 위해
나는 열 시간 레슨을 받았다.
가르치는 시간의 몇 곱절을 수업 준비와
언어 공부에 쏟아부으며 공을 들였다.

동양인, 외국인, 낯선 사람일 뿐일 존재였겠지만
그렇다고 그들을 위해 '나'라는 사람 자체를
바꿀 수는 없었다.
나의 정체성을 버리고 그들의 외모를
따라 하거나 맞출 수는 없었다.

※

내가 선택한 방법은 '정면 승부'였다.

나, 정나래라는 사람이 가지고 있는 최고의 것을
보여 주리라 마음먹었다. 노력하는 나.
열정적인 나. 공부하는 나. 긍정적인 나. 진심을 다하는 나.
실패해도 다시 일어서는 나. 도전하는 나. 부지런한 나.
나부터 나를 믿고, 나의 중심을 지켜 내려고 했다.

그렇게 나의 강점으로 공동체에 다가갔고
변화가 일어나기 시작했다.

내가 나를 사랑하지 않으면서,
남에게 사랑받기를 바랄 수는 없다.
내가 나 자신을 사랑하는 것이 가장 먼저다.

어디로 어떻게 가고 있는지
살피기

하고 싶은 꿈.

되고 싶은 미래.

이루고 싶은 목표.

내일을 꿈꾸고 있을 당신에게, 응원의 마음을 보낸다.

다만 지치고 힘들면 무조건 쉬어야 한다.

잠깐이라도 휴식은 반드시 필요하다.

혹시라도 뒤처질까 걱정될지도 모르겠다.

그런데, 지금 잠시 뒤처지면 또 어떤가.

시간 지나고 보면 당장의 1년, 2년은

긴 인생에 아무것도 아니다.

1년 먼저 대학 간다고,

1년 빨리 취업한다고,

성공한 인생이라고 단언할 수 없는 세상이다.

9회 말 2아웃에서도 경기 결과를 알 수 없어

"야구, 몰라요."라는 말을 하게 되는 것처럼,

인생도 마찬가지다.

인생, 모른다.

아무도 모른다.

빨리 가는 것보다 어디로 가는지 알고 가는 게

더 중요하지 않을까?

그냥 사는 것보다

내가 무엇을 하고 있는지 아는 일상이

더 중요한 것처럼.

지금 당신의 삶에 롤모델이 있나요?

Hast du im Moment ein Vorbild in deinem Leben?

당신은 해낼 수 있어요!

Du schaffst das!

나에게
하고 싶은
말

*

만약 10대 시절의 나에게 전화할 수 있다면,

무슨 말을 해야 할까?

도약하기 위해 겪는 고통을

잘 이겨 내라고 응원해 주고 싶다.

간절한 꿈이 있었다는 것은 큰 행운이었으니까.

20대 시절은 어떨까?

10대 때와 다르게 현실적인 한계에 날마다 부딪히곤 했다.

대학에서 겪게 된 사람들과의 관계 문제,

아르바이트를 하면서 마주한 경제적 문제,

밤늦게까지 연습하고 시험 쳐도

결과는 늘 바닥이던 학과 실력,

압도할 만큼 컸던 외로움과 두려움…….

오히려 청소년 때는 실패해도 해낼 수 있으리라는

오기가 있었는데, 20대 때는

‘노력한다고 다 되는 것이 아니구나.’ 뼈저리게 느꼈다.

20대의 나에게도 전화할 수 있다면,

다른 말 않고 “너 잘하고 있어!” 힘을 줘야지.

그리고 한마디 더.

“울고 싶을 땐 참지 말고 그냥 울어도 돼.

펑펑 많이 울고, 아무 일 없었던 것처럼 털고 일어나자.”

얘기해 주고 싶다.

*

도전하다 보면 누구나 실패한다.

한 번에 원하는 걸 가질 수도 없다.

한때는 그 과정이 너무 더디고 아프고 괴로워서,

‘꿈을 이루지 못할 바엔 차라리 그만 살까.’ 하는

극단적 생각을 한 적도 있다.

그 또한 열정 탓이다. 너무 잘하고 싶고, 너무 원하니까.
잘하고 싶은 마음이 너무 크니까, 그러지 못하는 나를
받아들일 수 없는 거였다. 자라나는 과정의
'도약통'이자 '성장통'이었다.

그러므로, 절대 포기하지 말 것.

잘하고 싶을 때면 그 마음만큼의 방어벽을 쌓아 둘 것.
'결과가 나빠도 괜찮아. 다음 기회가 또 있어.'
나를 다독일 마음도 미리 마련해 둘 것.

'그렇게 노력했는데 고작 이거야?
다 때려치워. 너는 자격이 없어.'
비난과 조롱과 자학의 언어들을 저만치 치워 둘 것.

＊

다른 사람들에게 휩쓸려 꿈을 접지 말고,

잘 보이려고 나 자신을 낮추지도 말고,

굳이 비교하면서 나를 못나게 여기지도 말고.

나의 방향, 나의 시간,

나의 속도에 맞춰서 걸어가 보자.

모두의 시작은

0이 아닌 무한에서

출발하니까.

당신은 잘하고 있어요.
당신이 생각하는 것보다 훨씬.
그런 당신을 믿어요.

고맙습니다.

Du bist großartig–
mehr, als du selbst von dir denkst.

Danke schön.

내가 꿈꾸는 내가 될게

1판 1쇄 발행 2025년 10월 15일

지은이   정나래

편집   이혜재
디자인   이음
제작   세걸음

펴낸이   이혜재
펴낸곳   책폴
출판등록 제2021-000034호
전화   02-911-9390
팩스   0303-3447-9390
전자우편 jumping_books@naver.com

© 정나래, 2025

ISBN 979-11-93162-52-1 (43190)

- 이 책은 저작권법에 따라 보호받는 저작물이므로 무단전재와 무단복제를 금합니다.
- 이 책의 일부 또는 전부를 이용하려면 반드시 저작권자와 책폴 양측의 서면 동의를 얻어야 합니다.
- 잘못 만든 책은 구입처에서 바꾸어 드립니다.

너와 나, 작고 큰 꿈을 안고 책으로 폴짝 빠져드는 순간
책폴

블로그   blog.naver.com/jumping_books
인스타그램   @jumping_books

책폴